Würste und Pasteten

Roland Leitholf • Barbara E. Euler

Würste und Pasteten

PROFI-REZEPTE FÜR JEDEN HAUSHALT

Inhalt

Wissenswertes über die Wurst

Eine Speise mit Tradition

Eine tolle Erfindung

„In der Not schmeckt die Wurst auch ohne Brot" – dieser bekannte Spruch zeugt von der Beliebtheit der würzigen Speise. Gerade in deutschen Landen wählen Genießer aus einer schier unüberschaubaren Auswahl an Sorten. Aufschnitt auf der Frühstückssemmel, Wiener in der Erbsensuppe, Schweinswürstl vom Grill … ja, eigentlich könnte man Wurst zu jeder Tages- und Nachtzeit essen, ohne sich dabei jemals langweilen zu müssen.

Wem verdanken wir das alles? Wer erfand sie für uns, die erste Wurst der Geschichte? Diese Frage wird wohl für immer im Dunkeln bleiben müssen. Eines aber haben Wissenschaftler herausgefunden: Bereits in grauer Vorzeit – genauer in der Altsteinzeit, die bis 10 000 v. Chr. dauerte, – verzehrten die Menschen wahrscheinlich eine Art Vorläufer unserer Wurst. Steingutgefäße waren noch nicht erfunden und so füllte man das erbeutete Fleisch zum Kochen in Tiermägen. Und noch heute findet man an mehr oder weniger entlegenen Flecken dieses Verfahren.

Bezüglich der verschiedenen Wurstarten steht Deutschland weltweit an der Spitze. Rund 1500 Sorten lassen das Herz eines jeden Wurstfreundes höher schlagen.

MAGEN-INHALT

Auf einigen Südseeinseln werfen die Köche heiße Steine in Wasser, das sie in ausgehöhlte Baumstämme gefüllt haben, und kochen darin gefüllte Tiermägen. Und das schottische Nationalgericht, Haggis genannt, wird traditionell im Schafmagen gekocht. Im Einzelnen besteht dieses Mahl aus Leber, Herz, Lunge und Fett vom Schaf, dazu Hafermehl oder -flocken. Zuletzt darf auch der Pfälzer Saumagen nicht vergessen werden, dessen bekanntester Ver(z)ehrer wohl Helmut Kohl sein dürfte.

Ist das auch gesund?

Eine Speise mit Tradition also. Doch mit den Traditionen geht es hier wie anderswo bergab. Ältere Semester schwärmen mit Wehmut von den Wurstsuppen ihrer Kindheit, während in den Kühlregalen der Supermärkte nur allzu häufig charakterlose Fabrikware feilgeboten wird. Wobei wir natürlich nicht die vielen guten Fleischer und Metzger vergessen wollen, die gute und einwandfreie Wurstwaren herstellen.

Die Öko-Wurst

Auf der Suche nach leckerer, gesunder Wurst führt uns der Weg manchmal in den Bioladen. Tatsächlich kommen bereits einige natürlich zubereitete Öko-Sorten auf den Markt, doch zum täglichen Konsum sind diese Waren leider für die meisten von uns schlichtweg zu teuer. Was also tun? Wie bekommen wir ihn wieder, diesen Geschmack aus guter alter Zeit? Wo bekommen wir sie her, die Wurst, bei der wir wirklich wissen, was drinsteckt?

INFO

Unter dem Begriff „Expertentipp" finden Sie praxiserprobte Ratschläge eines wahren Wurstexperten: Roland Leitholf aus Thüringen.

Wurst selbst machen

Der mit Abstand vergnüglichste Weg in die wunderbare Wurstwelt führt über das Selbermachen. Aber keine Angst – Metzgermeister brauchen Sie dafür nicht zu sein. Wenn Sie bis heute vom Wurstmachen keine Ahnung hatten, sind Sie hier genau richtig. Es funktioniert auch ohne aufwändige Hilfsmittel und komplizierte Technik. Sie lernen nur das, worauf es wirklich ankommt. Begleiten wird Sie dabei der Thüringer Wurstexperte Roland Leitholf. Seine Ratschläge und Hinweise finden Sie stets unter „Expertentipp". Als erfahrener Hobbywurster weiß er genau, was für Laien wichtig ist.

Und das neue Hobby lohnt sich: Keine zweifelhaften chemischen und sonstigen Zutaten trüben mehr die Freude. Jetzt haben Sie alles selbst in der Hand: die Wahl des Fleisches ebenso wie die Verwendung der verschiedenen Zusätze. Das gibt nicht nur Sicherheit, sondern lässt auch viel Spielraum für persönliche Geschmackswünsche. Pikant oder mild, Majoran oder Koriander – mit individuellen Noten sagen Wurstmacher dem Einheitsgeschmack den Kampf an.

Nicht zuletzt schafft Selbermachen jene tiefe Befriedigung, die viele Menschen in unserer hektischen, unpersönlichen Zeit vergeblich suchen. Wer selbst gemachte Wurst auf den Tisch bringt, labt Herz und Seele gleich mit. Da liegt es auch nahe, die kleinen Delikatessen lieben Menschen zu schenken. Hausgemachte Leberwurst im Tontöpfchen stiehlt als Mitbringsel jeder Prosecco-Flasche die Schau. Und dass das Ganze äußerst preiswert ist, braucht man ja nicht an die große Glocke zu hängen ...

Was ist drin in der Wurst?

Man nehme: ein halbes Schwein

Ganz zünftig wird das Wurstmachen, wenn man dabei eine ganze Schweinshälfte verarbeitet. Man bekommt sie sehr günstig beim Metzger und braucht für die Verarbeitung in etwa einen Tag. Wer nicht so groß einsteigen möchte, der kauft die benötigten Fleischstücke jeweils extra, für alle anderen sei unten das halbe Schwein kurz vorgestellt.

Übrigens: Günstig für den Transport ist es, das halbe Schwein gleich in drei Teile zerlegt zu bestellen. Ein Teil besteht aus der Keule mit dem Bein, einer aus dem Kopf und der dritte umfasst die Bestandteile dazwischen. Dann reichen die handelsüblichen Plastik-Klappkisten zum Verstauen.

Was brauchen Sie
☐ *2 große Plastik-*
  Klappkisten
☐ *dickes Hackbrett*
☐ *Fleischbeil*

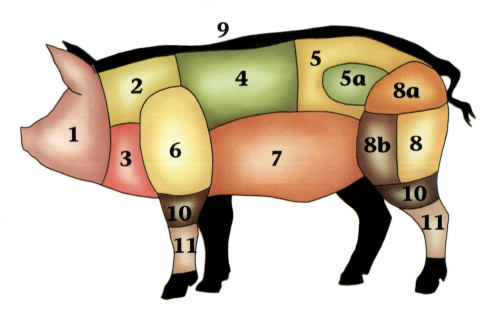

1 Kopf	7 Bauch oder Wammerl
2 Nacken, Kamm oder Hals	8 Keule, Schinken oder Schlegel
3 Brust, Brustspitze, Rippenbrust	8a Kappe, Stertstück
4 Kotelett, Karree, Karbonade	8b Nuss, Unterschale
5 Rücken, Lummerkoteletts	9 Rückenspeck
5a Lende, Filet	10 Haxe, Eisbein, Hämmchen
6 Schulter, Bug oder Blatt	11 Pfoten, Spitzbein

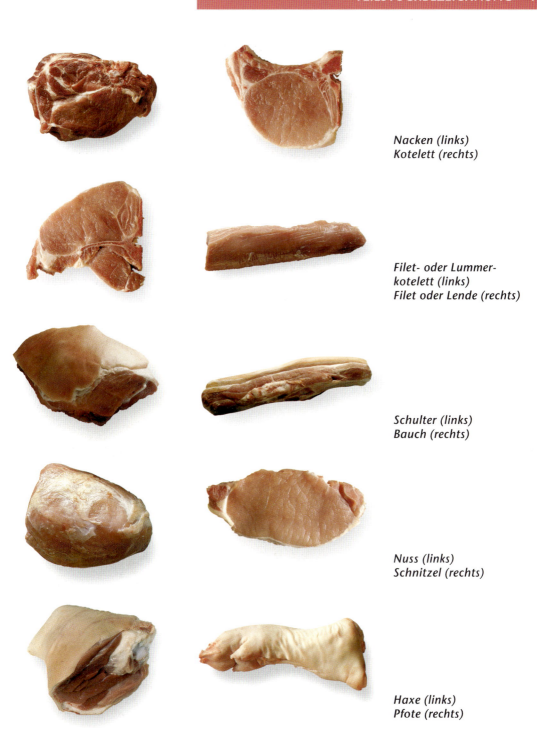

Nacken (links)
Kotelett (rechts)

Filet- oder Lummer-
kotelett (links)
Filet oder Lende (rechts)

Schulter (links)
Bauch (rechts)

Nuss (links)
Schnitzel (rechts)

Haxe (links)
Pfote (rechts)

Wie geht nun das Zerlegen vor sich?

Das Kopfstück

Der Kopf wird geteilt, um ihn zum Garen in den Topf zu bekommen. Dabei wird nur die Backe abgetrennt. Später werden die Kopfteile zusammen mit den Spitzbeinen (anderswo auch Pfötchen genannt) und Schwarten gegart und zu verschiedenen Wurstsorten verarbeitet. Die Brühe geliert hervorragend und dient als Sülzengrundlage.

Der hintere Teil

Vom hinteren Teil wird zuerst das Spitzbein, dann das Kniebein und anschließend das Eisbein abgetrennt, und zwar immer an den Knochengelenken. Und die Keule? Wer in die Materie des Räucherns einsteigen möchte, der zerlegt sie fachgerecht für Land-, Nuss- oder Rollschinken. Fürs Wurstmachen dagegen braucht man sich beim Auslösen der Knochen nur nach den gewünschten Fleischportionen zu richten. Überlegen Sie daher am besten vorher, was Sie alles aus dem Fleisch herstellen möchten. Die Keule ergibt vielfältige Stücke, ob Braten, Schnitzel oder Pökelfleisch, sowie Grundlagen für Hackfleisch und verschiedene Wurstsorten. Die Knochen werden in der Wurstsuppe mitgekocht, anhaftende Fleischreste kommen in die Wurst.

Das Mittelstück

Aus dem mittleren Teil schneidet man zunächst das Filet heraus. Danach werden die Wamme und die Brustspitze abgeschnitten. Anschließend zerlegt man in Bug (auch Schulter genannt), Kamm, Kotelettstück, Lende und die für die jeweiligen Rezepte benötigten Bauchstücke. Dabei werden Kotelett und Kamm zwischen der vierten und fünften Rippe abgeteilt. Nun trennt man den Speck von den Rückenteilen und schneidet ihn je nach Bedarf in Rechtecke.

TIPP

Wenn Sie Schwarte garen, darf die Schwartenseite nicht auf dem Topfboden aufliegen. So verhindern Sie, dass die Schwarte anbrennt.

Danach geht es ans Auslösen der Knochen. Sie werden entweder in der Brühe mitgekocht, gepökelt oder zum späteren Verbrauch tiefgefroren. Das Fleisch vom Bug kann nach dem Auslösen der Knochen zu Braten, Gulasch, Hackfleisch und für verschiedene Wurstsorten verwendet werden.

Weitere Verarbeitung

Die Fleischstücke werden mit kaltem Wasser abgespült und abgetrocknet. Die nicht zur sofortigen Verarbeitung bestimmten

Stücke friert man ein. Die Größe der Fleischstücke bemisst unser Wurstexperte Herr Leitholf so, dass sie jeweils eine Mahlzeit ergeben. Beim Einfrieren muss man auf absolut luftdichte Verpackung achten, um bei längeren Einfrierzeiten Gefrierbrand zu verhindern. Ein Vakuum-Sauggerät leistet hier gute Dienste.

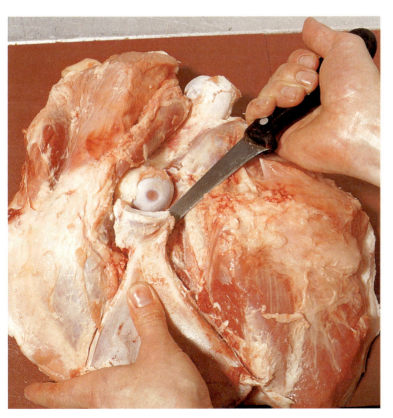

Mit einem Ausbeinmesser wird das Fleisch vom Knochen getrennt. Hier ist das professionelle Auslösen des Schaufelkopfes zu sehen.

Majoran, Muskat und mehr

Die persönliche Note und den echten Wurstgeschmack, eben den entscheidenden Kick, verdankt die Wurst einzig und allein den Gewürzen. Ihr spezieller Geschmack und Geruch entsteht vor allem durch ätherische Öle und Bitterstoffe.

Salz

Ohne Salz ist Wurst nicht denkbar. Salz ist für die menschliche Ernährung ebenso wichtig wie Wasser. Sogar Kriege wurden wegen der weißen Kristalle geführt. Wir dagegen brauchen es bloß aus dem Supermarkt zu holen und haben dabei noch die Wahl zwischen verschiedenen Sorten. Gesund sind die Zusätze Fluor und Jod, außerdem kann man auch zum Meersalz greifen. Wichtig für die Wurstherstellung ist jedoch das Nitritpökelsalz (siehe hierzu Seite 23). Salz sollte man trotzdem nur in Maßen einsetzen. Auch hier gilt, wie so oft: Allzu viel ist ungesund!

Majoran

Sein Beiname „Wurstkraut" sagt es deutlich: Dieses Gewürz verdient unter allen Wurstgewürzen an erster Stelle genannt zu werden. Der Klassiker gehört unbedingt in die Blut- und Leberwurst; auch zur Zungen- und zur Bollenwurst passt er hervorragend. Dem Schmalz gibt er ebenfalls die typische Würze. Überhaupt gibt man Majoran gerne zu fetten Speisen, da er verdauungsfördernd wirkt.

Gewonnen wird das Gewürz aus den getrockneten Blättern, Blüten und dünnen Stängeln der Pflanze. In den Handel kommt es gerebelt und gemahlen. Übrigens kann man Majoran sehr gut selbst ziehen, im Garten oder einfach auf dem Fensterbrett. Die Spitzen der Triebe eignen sich ebenfalls gut als frisches Gewürz.

Majoran besitzt einen kräftigen, leicht pfeffrigen Geschmack und gehört unbedingt zur Blut- wie auch zur Leberwurst.

Thymian

Dieses Gewürz verwendet man ganz ähnlich wie Majoran.
Auch Thymian kommt in die Leber- und Blutwurst, obwohl
manche behaupten, er passe nicht zu Majoran. Probieren Sie
es aus! Im Hackbraten macht er sich ebenfalls gut. Erhältlich
ist Thymian gerebelt und – leider oft von wenig guter Qualität
– in ganzen getrockneten Bündeln. Gerne gesellt er sich zu Lorbeer, Rosmarin, Muskat und Salbei. Da er recht beißend
schmeckt, sollte man ihn nicht zu üppig dosieren.

*Frische Gewürze ver-
leihen der Wurst das
besondere Aroma.*

Pfeffer

Pfeffer ist das exotische Gewürz schlechthin. Seinetwegen wurden Monopole gebrochen und Kolonien erobert. Sogar die berühmte Yale-Universität wurde auf dem Reichtum durch Pfeffer gegründet, als im 17. Jahrhundert ein Amerikaner in den Handel mit den kostbaren Beeren einstieg.

Pfeffer ist sicherlich eines der vielseitigsten Gewürze. Ziemlich bunt kommt er daher, ob weiß, rot, grün oder schwarz. Sein jeweiliger Reifegrad bestimmt die Farbe. Schwarz wird der Pfeffer erst, wenn die grün geernteten Beeren getrocknet sind. Werden sie dagegen gefriergetrocknet, bekommt man grünen Pfeffer. Weißer Pfeffer entsteht aus beinahe reifen, roten Beeren, die gewässert werden, um die Haut abreiben zu können. Anschließend werden auch sie getrocknet. Lecker sind ebenfalls die in Essig oder Salzlake eingelegten grünen Körner. Für die Schärfe des Pfeffers sorgt das Alkaloid Piperin. Wer es nicht so „heiß" mag, wird den etwas milderen weißen Pfeffer bevorzugen. Er ist vor allem für helle Wurstsorten geeignet. Dekorativ ist eine Mischung aller Sorten.

Außerdem kann man zwischen fein und grob gemahlenem Pfeffer wählen, was der Wurst jeweils einen ganz spezifischen Charakter verleiht. Am besten schmeckt Pfeffer natürlich frisch gemahlen.

KOMBI-TIPPS

☐ *Majoran harmonisiert mit Thymian, Salbei und Rosmarin. Mit Oregano, dem „Wilden Majoran", verträgt er sich nicht. Majoran lieber etwas sparsamer verwenden, er schmeckt sehr dominant!*

☐ *Muskat ist gut Freund mit Pfeffer, Lorbeer, Nelken und Zimt; mit stark würzigen Kräutern verträgt er sich dagegen nicht sonderlich.*

☐ *Paprika gesellt sich gerne zu Knoblauch, Zwiebeln, Kümmel und Majoran.*

☐ *Wacholder passt gut zu Petersilie, Thymian, Lorbeer und Knoblauch.*

Kümmel

Die würzigen Mini-Sicheln sind wahrscheinlich das älteste europäische Gewürz überhaupt. Schon in der Jungsteinzeit wurde es verwendet, wie Funde in der Nähe von Pfahlbauten belegen. Er wächst in vielen Ländern Europas, auch in Deutschland gedeiht das Gewürz.

Die kleinen Fruchtspalten mit dem typischen Geschmack, die wie Getreidekörner ausgedroschen werden, eignen sich beispielsweise hervorragend für Hackfleisch und Sülzen und werden ganz oder gemahlen verwendet. Da man Kümmel stets deutlich herausschmeckt, verträgt er sich mit anderen Gewürzen nur, wenn er sparsam dosiert wird. In guter Gesellschaft ist der Kümmel bei Pfeffer, Paprika und Zwiebeln. Dem Kümmel wird eine appetitanregende, blähungslindernde und verdauungsfördernde Wirkung zugeschrieben. Aufbewahren sollte man ihn lichtgeschützt in dicht verschlossenen Gefäßen.

TIPP

Das beste Aroma liefern frisch gemahlene Gewürze. Besonders gilt das für Pfeffer und Kümmel. Die Anschaffung einer kleinen Gewürzmühle, am besten mit zwei auswechselbaren Trommeln, lohnt sich daher – nicht nur fürs Wurstmachen. Allerdings tut es für selteneren Gebrauch natürlich auch eine ausgediente Kaffeemühle.

Paprika

Der Schiffsarzt des Kolumbus soll die ersten Samenkörner dieser Gewürzpflanze nach Europa gebracht haben. Besonders gut kam die Neuheit schließlich in Ungarn an, und von da aus eroberte das scharfe oder auch edelsüße rote Pulver die Kochtöpfe in vielen Teilen der Erde.

Das Würzpulver wird übrigens aus den feuerroten, spitzen Schoten gewonnen, während man die runden, dicken Schoten frisch genießt.

Gut passt Paprikapulver zu Hackfleisch und Schmalz, auch verschiedene Wurstsorten profitieren von der feinen Schärfe. Wählen Sie dabei zwischen mehreren verschieden scharfen Sorten. Am weitesten verbreitet sind der milde, dunkelrote edelsüße Paprika und der scharfe, blasser gefärbte Rosenpaprika.

Vorsicht! Paprika niemals in heißes Fett geben, da sonst durch karamellisierenden Zucker ein unangenehm bitterer Geschmack entsteht. Also mit Paprika immer erst ganz zum Schluss würzen.

Lorbeer

Ein Lorbeerbaum kann mehrere hundert Jahre alt werden. Während seine Blätter früher Zeichen der Ehre und Mittel zur Weissagung symbolisierten, begnügen wir uns heute mit ihrer Würzkraft. Die Blätter werden stets mitgekocht. Auch gemahlen sind sie erhältlich. Sehr gut passt der aromatische Lorbeergeschmack zu Sülzen. Lorbeerblatt eignet sich auch zum Pökeln von Fleisch.

Lorbeer würzt sehr stark. Meist genügt bereits ein einziges Blatt zum Würzen. Auch ein halbes kann bereits ausreichen. Blätter guter Qualität sind hellgrün, elastisch, nicht gebrochen und ohne Stiel. In einigen Gewürzmischungen sind die gemahlenen Beeren des Lorbeerbaums enthalten.

Piment

Der vielseitige Piment gibt Würsten, Fleisch wie aber auch Lebkuchen seine charakteristische Würze.

Manche kennen Piment als Gewürzkorn oder Nelkenpfeffer. Tatsächlich ähneln Geschmack und Geruch dem der Gewürznelken, jedoch ist das Gewürz recht scharf. Auch ein Hauch Muskat und Zimt ist zu spüren. Piment ist sehr vielseitig – einerseits ein typisches Wurstgewürz, andererseits fester Bestandteil in Lebkuchenrezepten. Gemahlener Piment passt ebenso gut zu Hackfleischgerichten, die ganzen Körner geben Fleisch- und Fischmarinaden die besondere Würze. Auch beim Konservieren von Fleisch verrichtet Piment gute Dienste.

Gewonnen wird Piment aus den unreifen, getrockneten Beeren des bis zu zehn oder gar zwanzig Meter hohen Pimentbaumes. Bis zu 40 kg getrocknete Früchte und mehr kann die immergrüne Pflanze im Jahr liefern. Wichtiges Anbauland ist unter anderem Jamaika. Daher wird Piment auch manchmal Jamaikapfeffer genannt.

Muskat

Das auch als Muskatnuss bezeichnete Gewürz ist eigentlich ein „Muskatkern" aus Beeren, die im Aussehen den Aprikosen ähneln. Sie wachsen an bis zu 18 Meter hohen Bäumen, die teilweise hundert Jahre alt werden. Ursprünglich stammt Muskat von den Gewürzinseln oder Molukken.

Muskat passt bestens zu Brühwürsten.

Wer heute ein Tütchen Muskat aus dem Supermarktregal holt, denkt nicht mehr an die gewalttätigen Auseinandersetzungen vergangener Jahrhunderte, bei denen Portugiesen, Holländer und Engländer einander das einträgliche Muskatmonopol abzujagen suchten und dabei die Bevölkerung nicht schonten. Wir genießen nur den zartwürzigen Muskatgeschmack auf der Zunge und freuen uns an seiner vielseitigen Verwendbarkeit. Er passt zu vielen Gemüsen, geradezu klassisch ist seine Verwendung bei Rosen- und Blumenkohl und Kartoffelpüree. Und auch für Fleischgerichte eignet er sich hervorragend, beispielsweise für Klößchen oder Frikassee. Bei der Wurstherstellung spielt er vor allem für Brühwürste eine Rolle. Das Gewürz ist sparsam in der Verwendung. Bestes Aroma gibt die frisch gemahlene „Nuss", für die es spezielle kleine Muskatreiben gibt.

Wacholder

Die kleinen Beeren wachsen an einem Nadelgehölz, das zu den Zypressengewächsen zählt. Wacholder schmeckt würzig, bitter, leicht harzig und ein wenig süß. Er passt gut zu Sülzen, zu Fleisch und Wild und generell zu fetten, schwer verdaulichen Gerichten. Die ganzen Körner werden gerne zu Marinaden gegeben. Gute Wacholderbeeren sollten glatt und ungefähr erbsengroß sein.

TIPP

Schwangere und an Nierenentzündung Leidende sollten keine mit Wacholder gewürzten Gerichte essen, da das ätherische Öl die Nieren zu sehr reizt.

Knoblauch

Glücklicherweise gewinnen die pikanten Zehen selbst hierzulande immer mehr Anhänger. Knoblauch würzt eigentlich alles, vom Braten bis zum Kräuterquark. Auch Würsten bekommt das unverwechselbare Aroma des Knoblauchs hervorragend. Schon das Einreiben des Fleisches oder einer verwendeten Schüssel mit einer Zehe zaubert einen feinen Hauch Knoblauch; wer es kräftiger möchte, der gibt eine zerdrückte Zehe ins Essen. Praktischer, wenn auch von nicht so feinem Geschmack, ist Knoblauchpulver.

Knoblauch und Zwiebel sind wahre Kombinationskünstler und verleihen Würsten und Pasteten eine pikante Note.

Wer dem Geruch und Geschmack der weißen Knolle nicht viel abgewinnen kann, den wird vielleicht ihre gesundheitsfördernde Wirkung überzeugen. Knoblauch beugt der Arteriosklerose vor, senkt Blutdruck und Cholesterinspiegel – kurz, er erhält uns jung. Wen wird da das bisschen Geruch noch stören, zumal es dagegen zahlreiche Hausmittelchen gibt: lauwarme Milch, Petersilie, Gewürznelken, Kaffeebohnen, Schokolade … probieren Sie's aus!

Zwiebel

Die alte Streitfrage, ob die Zwiebel nun ein Gemüse oder ein Gewürz sei, kann man getrost vergessen – lecker sind Zwiebeln im Essen allemal, gerade auch in Würsten. Ob in Leberwurst, Bollenwurst oder Pastete mit Rotwein, die vielschalige Knolle bringt erst die wahre Würze.

Zwiebeln erhalten Sie in zahlreichen Spielarten, die nicht nur im Aussehen, sondern auch im Geschmack sehr unterschiedlich sind. Die Palette reicht von den großen Gemüsezwiebeln bis zu den niedlichen Perlzwiebeln, die meist sauer eingelegt werden. Gesund sind Zwiebeln sowieso. Sie sind nicht nur reich an Vitamin C, dem Zwiebelsaft wird Heilkraft bei Erkältung, Arteriosklerose und Gefäßverengung zugeschrieben. Auch den Blutdruck hilft er senken. Übrigens – Zwiebeln gehören zu den Liliengewächsen – hätten Sie's gewusst?

Zwiebeln verwendet man am besten immer frisch. Einmal geschnitten, sollten sie gleich aufgebraucht werden, da sie relativ schnell ihr Aroma einbüßen.

Weitere Wurstgewürze	
Gewürz	Wurst
Basilikum	Leberwurst
Beifuß	Schmalz
Bohnenkraut	Leberwurst
Dillsamen	Sülze
Ingwer	Sülze
Koriander	Blutwurst
Nelken	Blutwurst
Rosmarin	Kochwürste
Salbei	Schmalz
Senfkörner	Bratwurst, Gehacktes
Vanille	Leberwurst
Ysop	Leber- und Blutwurst
Zimt	Blutwurst

Natürlich hört hier die Auswahl der Wurstgewürze nicht auf. Ihrer Fantasie sind keine Grenzen gesetzt. Als kleiner Anhaltspunkt zum Experimentieren und Kombinieren kann die obige Liste dienen.

Die richtige Würzung garantiert den guten Geschmack der Wurst. Nebenbei wirken viele der Gewürze zusätzlich keimabtötend und konservierend.

Wie wird das Fleisch zur Wurst?

Feste Bindung erwünscht

Ein wichtiger Vorgang bei der Wurstherstellung ist das Binden der zerkleinerten Fleisch- und sonstiger Bestandteile untereinander. Es macht die Wurst fest, damit sie sich gut streichen beziehungsweise schneiden lässt. Das Schöne dabei: die Wurst wird beim Kochen ganz alleine fest, wenn wir nur die Wurstmasse tüchtig gerührt haben. Denn das Eiweiß, das im Fleisch enthalten ist und beim Kleinhacken freigesetzt wird, gerinnt und festigt sich beim Kochvorgang. Durch das gründliche Vermengen umschließt das Eiweiß sowohl Fettteilchen als auch flüssige Bestandteile, die sich dann beim Gerinnen des Eiweißes intensiv verbinden und eine Emulsion bilden. Bei der Brühwurst bindet zusätzlich das darin enthaltene Salz das Eiweiß. Ohne Salz würde also diese Wurst gar nicht schnittfest werden.

Rosige Zeiten

Das appetitlich rosige Aussehen vieler Würste entsteht durch den Zusatz von Nitritpökelsalz. Wer keine grauen Würste auf den Tisch bringen will, wird nicht ohne diese Zutat auskommen. Zudem verlängert Nitrit die Haltbarkeit der Wurst, da es der Bildung von Mikroorganismen entgegenwirkt. Der typische Pökelgeschmack entsteht ebenfalls mit Hilfe dieses Salzes. Nitritpökelsalz, erhältlich in Geschäften des Fleischereibedarfs, ist eine Mischung, die zu ca. 99,5 % aus normalem Kochsalz besteht. Der Rest besteht aus Natriumnitrit, ein Pökelstoff, der allerdings im Gebrauch nicht ganz unproblematisch ist, da sich nämlich in Verbindung mit Eiweißbestandteilen stark krebserregende Nitrosamine bilden bilden.

Also doch lieber keine Wurst machen? Im Gegenteil! Das Selbermachen bietet die einmalige Chance, die Salze zu mischen und auszuprobieren, mit wie wenig Nitritpökelsalz man auskommt, oder ob man sogar ganz darauf verzichten kann, was vor allem bei Kochwurst durchaus möglich ist. Die Leberwürste in diesem Buch zum Beispiel werden ausschließlich mit normalem Speisesalz hergestellt. Die Waren aus dem Bioladen beweisen ebenfalls, dass es ohne geht.

TIPP

Pökelsalz entmischt sich durch das Absinken des Nitrits. Vor Gebrauch muss es daher gut durchgerührt werden. Wichtig ist auch eine absolut trockene Aufbewahrung, da es wie normales Salz sehr leicht Wasser anzieht und verklumpt.

Haben Sie
das Zeug dazu?

Die Grundausrüstung

Das notwendige Handwerkszeug

Bevor es nun losgeht, sollten Sie sich noch einmal in Ihrer Küche umsehen, ob bereits alles notwendige Handwerkszeug vorhanden ist. Als Einsteiger werden Sie sich nicht in überhöhte Kosten stürzen müssen. Sogar der Erwerb eines Fleischwolfs ist nicht für alle Rezepte nötig, sofern eine Küchenmaschine mit Messereinsatz, ein Universalzerkleinerer oder ein Standmixer mit Messern vorhanden ist (z. B. der Klassiker Moulinette). Wollen Sie häufiger Würste selber machen, dann lohnt sich die Anschaffung eines Einkochapparates mit Thermostat.

Nützliche Küchenutensilien

Einen Großteil der Basisgerätschaften hat man sicherlich im Haus, nämlich Messer, Kochlöffel, Kellen, Brettchen, ein großes feinmaschiges Haushaltssieb, große Schüsseln, Bratpfannen, Messbecher und eine Haushaltswaage. Für kleine Mengen eignet sich eine Briefwaage. Auch an einem Kochherd mit Backofen dürfte es nicht fehlen. Messer müssen wirklich scharf sein. Stumpfe Messer – das betrifft auch die Schneide des Fleischwolfs – können die Qualität Ihrer Wurst empfindlich beeinträchtigen. Daher sollte bei größeren Fleischmengen ein Schleifstahl immer zur Hand sein.

Schleifen wie die Profis

Halten Sie den Schleifstahl von sich weg. Mit der anderen Hand legen Sie die Messerklinge darauf, wobei die Schnittkante zu Ihnen weist. Jetzt ziehen Sie die Schneide über den Schleifstahl zu sich her. Dabei schärft man einmal die eine, einmal die andere Seite. Halten Sie dabei das Messer in einem Winkel von ca. 30 ° zum Schleifstahl.

Ein guter Schleif- oder Wetzstahl ist reich an Kohlenstoff und damit fast so hart wie ein Diamant. Seine Oberfläche ist rau. Probieren Sie aus, ob Sie den Griff fest umfassen können und ob das zu schleifende Messer nicht an die Finger geraten kann. Dazu muss vor dem Griff eine kleine Barriere angebracht sein. Die teils recht teure Anschaffung lohnt sich vor allem, wenn Sie Ihre Messer sehr häufig gebrauchen.

Vielleicht haben Sie auch eine Küchenmaschine oder einen Standmixer mit Messereinsatz. Schwieriger wird es schon mit einem großen Kochkessel für das Fleisch, mit Einmachgläsern

Ein Stabmixer mit den entsprechenden Schneidezusätzen ist fürs Erste das wichtigste Hilfsmittel bei der Hobbywursterei.

und mit glasierten Steintöpfen, die Sie zum Pökeln brauchen. Auch für Wurstband müssen Sie sorgen. Sie bekommen es im Fleischereibedarf. Zu den größeren Anschaffungen zählt ein Einkochapparat mit Thermostat, der das Einmachen um einiges erleichtert. Zur Not tut es zwar auch der bereits erwähnte große Kochtopf, doch die Überwachung der richtigen Temperatur ist darin wesentlich schwieriger.

Töpfchen mit Köpfchen

Beim Kauf eines großen Kochtopfs oder Kochkessels für das Fleisch sollten Sie nicht zu hoch hinaus streben. Wohl fallen bei einem halben Schwein erhebliche Fleischmengen an, doch Ihre Herdplatten verkraften nicht mehr als Topfdurchmesser von 24 oder höchstens 28 Zentimetern. Beschränken Sie sich daher auf einen Topf von maximal ca. 17 Litern. Und denken Sie daran: Aluminiumtöpfe verformen sich auf Gasflammen unwiderruflich! Ein Edelstahltopf in schwerer Hotellerieausführung mit Sandwichboden hält länger, ist freilich auch eine nicht ganz billige Anschaffung. Vielleicht können Sie sich fürs Erste einen leihen.

TIPP

Verwenden Sie keine Aluminiumtöpfe, denn diese verformen sich auf Gasflammen auf alle Fälle.

Wer einen Schnellkochtopf hat, spart erhebliche Kochzeiten; für die bei einem halben Schwein anfallenden Fleischmengen ist er jedoch zu klein. In diesem Buch wird auf die Möglichkeiten des Dampfgarens nicht näher eingegangen, vielleicht möchten Sie aber selber ein wenig damit experimentieren.

Gute Töpfe erleichtern die Arbeit in der Küche und der Wursterei.

DAS STARTPAKET

Da das Meiste wohl vorhanden sein dürfte, wurden Preisangaben nur bei den ungewöhnlicheren Gegenständen gemacht

- *verschiedene scharfe Messer*
- *Schleifstahl (ab DM 20)*
- *Kochlöffel*
- *Kellen*
- *Brettchen*
- *großes feinmaschiges Haushaltssieb*
- *verschiedene große Schüsseln*
- *Bratpfannen*
- *Messbecher*
- *eine Haushaltswaage (ab etwa DM 30)*
- *für kleine Mengen eine Briefwaage (etwa DM 40)*
- *Kochherd mit Backofen*
- *Küchenmaschine/Universalzerkleinerer/Standmixer mit Messereinsatz (z.B. Moulinex Masterchef 350: DM 80),*
  Standmixer (ab DM 50);
  in den neuen Bundesländern ist vielerorts noch der Typ „Multiboy" in Gebrauch
- *großer Kochkessel für das Fleisch (schwere Hotellerieausführung z.B. 11 l ca. DM 120, 17 l ca. DM 180)*
- *Einmachgläser; am praktischsten sind Gläser für ca. 300 g (die Größe eines Marmeladenglases), für Suppen braucht man 1-l-Gläser.*
  Es gibt verschiedene Typen: mit und ohne Bügel, mit Twist-off-Deckel oder ein spezielles System, welches das Innere des Deckels beim Einkochen von unten gegen den Deckelrand drückt. Preise für ein 0,5-l-Glas variieren je nach Typ um die 3 bis 4 DM. Eine Dauerdose für 0,5 l kostet ca. DM 6.
  Tipp: Lassen Sie sich alte Weckgläser schenken! Am preiswertesten fahren Sie mit der Weiterverwendung von im Haushalt verwendeten Gemüse- oder Marmeladengläsern mit noch intaktem Schraubverschluss.
- *glasierte Steintöpfe zum Pökeln, auch Gärtöpfe genannt (mit Steingutdeckel, 10 l ca. DM 70, 16 l ca. DM 90, 30 l ca. DM 190)*
- *Einkochapparat mit Thermostat (Geräte, die man auf die Herdplatte stellt, gibt es ab 80 oder 90 DM)*
- *Wurstband (ein spezieller, fester Bindfaden, 200 g ca. DM 4)*

Viele Geräte und Materialien, die Sie zur Wurstherstellung benötigen, dürften in den meisten Haushalten bereits vorhanden sein.

Eine gute Knoblauchpresse ...

... kann eine ganze Knoblauchzehe mühelos aufnehmen,

... besitzt Löcher mit genügend großem Durchmesser, um mit einer Zahnbürste gereinigt zu werden und

... hat stabile, breite Hebelgriffe.

Extras für Fortgeschrittene

Einige der Rezepte in diesem Buch erfordern ein paar Extra-Gerätschaften. Wenn Sie zum Beispiel Hackfleisch, Hausmacher Leberwurst oder Geflügelleberwurst herstellen möchten, brauchen Sie unbedingt einen Fleischwolf mit feiner Scheibe. Und für alle Rot- und Leberwürste ist ein Handrührgerät zum Rühren der Masse zu empfehlen. Dabei bindet das Blut außerdem Sauerstoff, der für die schöne rote Farbe der Blutwurst verantwortlich ist. Vom Metzger gekauftes Blut ist jedoch schon gerührt.

Das Handrührgerät brauchen Sie ebenfalls für Brühwürste, da hier Fleisch und Brühe so gut verrührt werden müssen, dass das Fleisch die Flüssigkeit vollständig bindet.

Kaufhilfe

Beim Kauf eines Fleischwolfs sollten Sie die folgenden Punkte beachten:

☐ Für den Hobbywurster genügt bereits ein Plastikgerät.

☐ Handbetrieb ist ausreichend.

☐ Günstig sind die größeren Geräte (DIN-Nummern 8 und 10).

☐ Wichtig ist vor allem eine kräftige Feststellschraube, die das Gerät selbst bei noch so starker Beanspruchung sicher an seinem Platz hält. Ein guter Saugfuß erfüllt den gleichen Zweck.

☐ Prüfen Sie auch, ob die Schnecke, die das Fleisch gegen die Lochscheibe drückt, genau mit dem inneren Rand des Geräts abschließt. Sonst bleiben Fleischreste zurück.

☐ Fürs Wurstmachen brauchen Sie maximal drei auswechselbare Scheiben für grobes, mittleres und feines Mahlen.

Fast wie die Profis

Wer nun tatsächlich „Hausschlachten" will und sich gleich ein
halbes Schwein anschafft, der muss auch ans nötige Werkzeug
zum Zerlegen des Fleisches denken, also Ausbeinmesser, Metzgermesser, Fleischbeil und stabiles Hackbrett. Mit einem speziel-
len Metzgermesser gelingt das Schneiden von Schnitzeln, Koteletts
usw. aus dem nicht verwursteten Fleisch am besten. Ein gutes
Metzgermesser besitzt eine lange, säbelartig gebogene Klinge mit
scharfer Spitze, mit der man den ersten Einschnitt ausführt. Danach zieht man die Klinge kräftig durchs Fleisch. Achten Sie auf
einen vollen Schaft und genügend tiefe Kerben im Griff, damit die
Finger nicht abrutschen können. Beim Fleischbeil kommt es auf
genügend schwere Ausführung an, da Sie damit Kraft sparen. Ein
Kilogramm darf das Beil ruhig wiegen. Wichtig sind auch ein vol-
ler Schaft, ein stabiler Grat und ein Griff, der gut in der Hand liegt.

Werkzeuge zum Fleischzerlegen

❑ scharfes Ausbeinmesser von ca. 26 cm Länge (ab DM 60);
❑ Metzgermesser/Fleischmesser (ca. DM 25);
❑ Fleischerbeil, auch als „Wiegemesser" angeboten (DM 30);
❑ Hackklotz, ca. 5 bis 6 cm dick (ca. DM 36), auch möglich sind
❑ Tranchierbrett (DM 18) oder dickes Holzbrett (DM 13).

*Fleischerbeil
und -messer*

*Fleischwolfgeräte der
Größen 8 und 10 eig-
nen sich am besten für
den Hobbywurster.*

So wird gewurstet

Technik, Tipps und Utensilien

Aller Anfang ist leicht

Nun ist der große Moment da. Es geht ans Wursten. Sie brauchen nur noch zu entscheiden, ob Sie gleich ein halbes Schwein verarbeiten wollen oder lieber erst mit ein paar Einzelrezepten starten.

Die meisten Rezepte in diesem Buch kommen mit einfach zu beschaffenden Zutaten aus. Wenn Sie ein halbes Schwein gekauft haben, brauchen Sie nicht viel zusätzliches Rohmaterial. Freilich, ohne Leber kommt die Leberwurst nicht aus, die Rotwurst nicht ohne Blut und für die Zungenwurst müssen Sie Zunge kaufen. Lediglich für ein paar Zubereitungen benötigen Sie ungewöhnlichere Zutaten wie Kaninchen oder Trüffeln – aber das ersehen Sie aus den detaillierten Rezepten auf einen Blick.

Auch um das schwierige Füllen von Wursthüllen brauchen Sie sich keine Sorgen zu machen. Alle Rezepte im Buch sind für Wurst im Glas ausgelegt. Das garantiert einfache Abfüllung und gute Haltbarkeit.

Sie haben keinen Räucherofen? Kein Problem, auch daran hat unser Thüringer Wurstexperte gedacht. Mit empfindlichen Rohwürsten wie Salami und anderen Räucherprodukten sollten Sie nicht gleich anfangen. Und wenn Sie doch einmal in dieses Kapitel einsteigen wollen, steht Ihnen in der Reihe „Hausgemachte Köstlichkeiten" ein ganzes Buch übers Räuchern zur Verfügung.

EXPERTENTIPP

„Haben Sie einen ganzen Tag Zeit? Dann dürfen Sie es ruhig mit einem halben Schwein aufnehmen. Allerdings sollten Sie das Fleisch so früh wie möglich abholen, denn Sie haben viel zu tun!"

IHR WURST-TERMINPLANER

Sie bearbeiten ein halbes Schwein? So sieht Ihr Arbeitsplan aus:

1. *Tag:* ☐ *Zerlegen der Schweinehälfte*
   ☐ *portionsweises Einfrieren des nicht benötigten Fleisches*
   ☐ *Herstellung der Kochwürste*
   ☐ *Herstellung von Pasteten*
   ☐ *Einpökeln des Pökelfleisches*
2. *Tag* ☐ *Herstellung von Brühwürsten*
   ☐ *Herstellung von Pökelerzeugnissen*
   ☐ *Herstellung von Schmalz*

(Hinweis: Es muss nicht unbedingt der darauf folgende Tag sein, da Sie mit tiefgefrorenem beziehungsweise mehrere Tage gepökeltem Material arbeiten.)

Hygiene-Tipps

- ☐ Das Fleisch muss ganz frisch sein. Zweifelhaftes Fleisch, das zum Beispiel schmierig ist, darf nicht verwendet werden.
- ☐ Arbeiten Sie ohne größere Pausen, und lassen Sie Wurstmasse nicht unverarbeitet, denn sogar im Kühlschrank bilden sich rasch gefährliche Salmonellen.
- ☐ Ihr Arbeitsplatz und alle Geräte müssen stets absolut sauber sein. Reinigen Sie Fleischwolf, Messer, Rührlöffel, Brettchen usw. nach jedem Gebrauch gründlich mit heißem Wasser.

Glück im Glas – Das Einkochen

Auf die richtige Technik kommt es an, denn an der leckersten Wurst haben Sie nicht viel Freude, wenn beim Einkochen etwas schief geht. Hier ist Experimentieren nicht angebracht, es ist wichtig, die Vorschriften genau einzuhalten.

Hygiene muss sein

In diesem Buch werden ausschließlich Gläser verwendet. Die Rostgefahr, die bei Dosen nach längerer Lagerung gegeben ist,

Am praktischsten fürs Einkochen sind Einmachgläser. Es gibt verschiedene Typen und unterschiedliche Schließmechanismen.

besteht daher nicht. Auf peinliche Sauberkeit muss man aber trotzdem achten. Vor allem dürfen die Ränder der Gläser und die Einkochringe keinesfalls fettig sein. Denken Sie beim Befüllen daran, dass sich der Inhalt in der Hitze ausdehnt. Daher stets genügend Platz lassen: Vor allem kleine Gläser nur zu drei Vierteln der Höhe befüllen; bei hohen Gläsern mindestens drei Zentimeter unter dem Rand freilassen.

Einkochzeit und -temperatur

Verschlossen werden Gläser erst kurz vor dem Einkochen. Bis dahin sollten sie kühl stehen. Als Faustregel gilt: Gläser mit kaltem Inhalt stellt man in kaltes Wasser, solche mit warmem Inhalt kommen ins bereits gewärmte Wasser. Die Einkochzeit beträgt rund zehn Minuten je Zentimeter Glasdurchmesser. Das Kochwasser sollte allmählich heiß werden; auch darf es nicht

TIPP

Wenn Ihnen kein Einkochapparat zur Verfügung steht, und Sie in normalen Töpfen einkochen, achten Sie unbedingt darauf, dass die Gläser nicht direkt auf dem Metallboden stehen. Sie könnten sonst platzen. Legen Sie Holzstäbe unter, dann stehen Ihre Gläser sicher.

EINKOCH-TIPPS

- *Rechtzeitig Gläser besorgen!*
- *Auf peinliche Sauberkeit achten. Glasränder und Einkochringe bzw. Schraubdeckel dürfen keinerlei Fettspuren aufweisen.*
- *Beim Befüllen genügend Platz lassen: kleine Gläser nur zu drei Vierteln der Höhe befüllen, hohe Gläser nur bis 3 cm unter dem Rand.*
- *Gläser mit kaltem Inhalt stellt man in kaltes Wasser, Gläser mit warmem Inhalt in warmes.*
- *Kochwasser nur langsam erhitzen; auch darf es nicht zu sehr sprudeln, da das Fett dabei aus den Gläsern austreten könnte und diese dann undicht wären.*
- *Faustregel zur Einkochzeit: 10 Minuten je Zentimeter Glasdurchmesser.*
- *Nach dem Einkochen kühlt man die Gläser langsam herunter, am besten mit Tüchern abdecken.*
- *Etiketten erst nach dem Einkochen aufkleben. Ansonsten wasserfeste Stifte verwenden.*
- *Gläser halten sich in kühlen Kellern (6 bis 8 °C) zwar theoretisch anderthalb bis zwei Jahre. Besser ist es allerdings, nach einigen Monaten alles verbraucht zu haben, da selbst gut verschlossene Gläser nicht ganz ohne schädliche Mikroorganismen sind. Außerdem sind die meisten Keller bei weitem nicht so kalt.*

zu sehr sprudeln, da das Fett dabei austreten könnte und die Gläser dann undicht wären. Daher sollte die Einkochtemperatur immer unter 100 °C liegen. Für manche Fleischerzeugnisse gilt sogar schonendes Garen bei etwa 80 °C als günstig. Aber das ersehen Sie aus den jeweiligen Rezepten. Wenn nicht anders angegeben, beträgt die Einkochtemperatur ca. 90 °C.

Ein Wasserstand von drei bis fünf Zentimeter im Einkochtopf reicht vollkommen aus. Nach dem Einkochen deckt man die Gläser am besten mit Tüchern ab, damit sie langsam abkühlen. So geht kaum einmal ein Glas auf. Anschließend werden die Gläser kühl gestellt, zum Beispiel im Keller.

Die Hackfleisch- und Pökelfleischgerichte können Sie auch ohne Einkochen direkt genießen. Nur größere Mengen müssen eingekocht werden. Pasteten brauchen Sie ebenfalls nicht einzukochen – im Ofen gebacken, eignen sie sich zum sofortigen Verzehr.

Wird schon schief gehen! – Fehler und ihre Ursachen

Fehler in der Hobbywursterei sind eher selten zu beklagen, wenn Hygienetipps und Rezeptvorgaben exakt befolgt werden.

Auch beim Wurstmachen gilt: Es ist noch kein Meister vom Himmel gefallen. Doch keine Sorge: Die meisten Fehler lassen sich vermeiden, wenn Sie auf Sauberkeit, Frische der Zutaten und zügige Verarbeitung achten und sich genau an die Angaben im Rezept halten. Und sollte tatsächlich einmal etwas schief gehen, lässt sich im Nachhinein wenigstens die Ursache feststellen. Außerdem sind manche Mängel reine Schönheitsfehler, die an Geschmack und Haltbarkeit Ihrer Wurst nichts ändern.

Geschmacksfehler

Nicht nur der Wohlgeschmack der Wurst ist empfindlich gestört, wenn sie sauer schmeckt. Sie wird völlig ungenießbar. Kennen Sie die Ursachen, können Sie diesen Fehler leicht vermeiden. Saure Wurst wird durch Bakterien hervorgerufen – dies kann mehrere Gründe haben. Zum einen kann es an den Zutaten liegen. Ungenügend gegarte Zwiebeln kommen hier beispielsweise in Frage. Sie bringen Bakterien in die Wurst, die den sauren Geschmack bewirken. Der Fehler kann aber auch beim Konservieren gemacht worden sein: Eine zu niedrige Einkochtemperatur lässt die Wurst ebenfalls sauer werden. Mindestens 80 °C muss sie betragen. Zuletzt verursacht auch eine zu feuchte oder zu warme Lagerung störende Säure. Sauer gewordene Wurst darf keinesfalls verzehrt werden.

Farbfehler

Die graue Wurst

Farbfehler haben ebenfalls verschiedene Ursachen. Das Problem der grauen Wurst wurde ja bereits beim Thema Pökelsalz angesprochen. Ein leichtes Grau ist allerdings lediglich ein Schönheitsfehler und weist zugleich auf besonders gesunde Zubereitung ohne Nitrit hin. Eine andere Ursache kann freilich zu altes oder nicht gut durchmischtes Pökelsalz sein. Achtung: Wir reden hier von einer direkt nach der Herstellung bereits grauen Wurst. Früher oder später nehmen alle selbst gemachten Würste eine graue Färbung an, es sei denn, sie wurden mit einer größeren Menge des Pökelsalzes behandelt beziehungsweise zum Umröten gebracht.

Wurstfehler stören den Geschmack, können die Farbe beeinflussen oder zeigen sich in der Konsistenz der Wurst.

Zu schwarz, zu dunkel

Störend empfinden viele auch schwarze Blutwurst. Hier ist die Ursache einfach zu erklären: Wer beim Blutrühren mit dem Mixer nicht die nötige Ausdauer mitbringt, verhindert die ausreichende Bindung von Sauerstoff im Blut. Nur mit genügend Sauerstoff aber wird die Wurst so schön rot, wie wir sie uns vorstellen. Allerdings ist beim Metzger zugekauftes Blut bereits ausreichend gerührt, sodass dieser Fehler kaum vorkommen dürfte. Eine zu dunkle Farbe bei Leberwurst kann von einem zu hohen Leberanteil im Vergleich zum Fettgehalt herrühren.

Grüne Flecken

Bei Pasteten und anderen Brühwürsten können sich zudem im Anschnitt grünliche Flecken bilden. Das kann einmal daran liegen, dass schon das verarbeitete Fleisch schlecht war. Schuld kann jedoch ebenso gut eine zu geringe Einkoch- oder Brühtemperatur oder eine feuchtwarme Lagerung sein. Solche Wurstwaren sind nicht mehr zu genießen und müssen unbedingt weggeworfen werden.

Fehler in der Beschaffenheit

Fällt die Konsistenz der Wurst nicht ganz zur Zufriedenheit aus, lassen sich ebenfalls unterschiedliche Ursachen feststellen.

Mangelnde Schnittfestigkeit

Ist die Blutwurst nicht ganz schnittfest geworden, kann eventuell die Wurstmasse zu weich gekocht worden sein. Der Mangel kann auch an der ungenügenden Entfettung der verwendeten Schwarten liegen. Wer länger als angegeben einkocht, riskiert ebenfalls zu weiche Wurst.

Schmierigkeit

Brühwurst wird durch zu warme und feuchte Lagerung schmierig. Setzt sich Sülze ab oder krümelt die Wurst, hat man entweder schlechtes Fleisch verarbeitet oder die Bestandteile nicht genug durchgerührt, sodass keine ausreichende Bindung zu Stande kam. Vielleicht war aber auch der Fettanteil in der Wurstmasse zu hoch. Auch zu stumpfe Schneidwerkzeuge können die Ursache sein.

Trockene Wurst

Achten Sie auf kühle und trockene Lagerung Ihrer selbst gemachten Würste.

Ist die Leberwurst zu trocken, liegt dies, wie bei der dunklen Farbe, am zu hohen Leberanteil. Daher ist in dieser Hinsicht beim Experimentieren Vorsicht geboten! Ist die Leberwurst „grieselig" geworden, hat man sie vermutlich zu warm gelagert.

Auch bei der Wurstherstellung gilt: Nur gute Ausgangsqualität garantiert gute Endprodukte.

Wurstfehler und ihre Ursachen

Geschmack	☐ saure Wurst	☐ ungenügend gegarte Zwiebeln
		☐ zu niedrige Brühtemperatur
		☐ feuchtwarme Lagerung
Farbe	☐ graue Wurst	☐ schlechtes (altes oder entmischtes) Pökelsalz
		☐ nur Kochsalz
	☐ schwarze Blutwurst	☐ nicht genügend im Mixer gerührtes Blut
	☐ zu dunkle Leberwurst	☐ zu hoher Leberanteil
	☐ grünliche Flecken im Anschnitt (Brühwurst, Pasteten)	☐ schlechtes Fleisch
		☐ zu niedrige Einkochtemperatur
		☐ feuchtwarme Lagerung
Beschaffenheit	☐ nicht schnittfeste Wurst	☐ stumpfe Messer
		☐ zu weich gekochte Wurstmasse
		☐ zu hoher Fettanteil
		☐ zu langes Einkochen
	☐ trockene Leberwurst	☐ zu hoher Leberanteil
	☐ „grieselige" Leberwurst	☐ zu warme Lagerung

Achten Sie bei der Herstellung von Leberwurst auf einen nicht zu hohen Leberanteil. Die hausgemachte Leberwurst könnte sonst zu trocken und/oder zu dunkel werden.

Würste, Pasteten und Terrinen

Rezepte

Leckeres aus einem halben Schwein

Sie brennen darauf, loszulegen? Fein, denn jetzt kann die große „Wurstelei" wirklich beginnen. Suchen Sie sich Ihre Lieblingswurst aus! Vielleicht haben Sie sich aber auch vorgenommen, gleich das ganze Programm durchzumachen.

Damit Sie dabei eine bessere Vorstellung von den Mengen bekommen, die ein halbes Schwein letztendlich ergibt, liefert unser Wurstexperte eine genaue Aufstellung (siehe Tabelle) des Ergebnisses seiner letzten „Hausschlachtung".

AUS DER PRAXIS UNSERES WURSTEXPERTEN

„Bei meiner letzten ‚Hausschlachtung' verwendete ich ein halbes Schwein von rund 57 kg, ein Schweineherz von ca. 500 g, 1 l Schweineblut und 3 Lebern von zusammen 4,3 kg. Dazu noch Gewürze und Zwiebeln. Im Laufe eines Tages entstanden daraus:

- ❑ *3,5 kg Gehacktes, teilweise roh eingefroren, teilweise als Klöße mit Wurstsuppe und teilweise als Hackfleisch eingekocht.*
- ❑ *10,5 kg Thüringer Rotwurst*
- ❑ *3 kg Hausmacher Sülze*
- ❑ *2 kg Hausmacher Leberwurst*
- ❑ *6 kg Leberwurst nach Meisterart*
- ❑ *2,8 kg Bollenwurst*
- ❑ *3 kg Rillettes*
- ❑ *800 g Stichfleisch*
- ❑ *700 g Pökelbauch*
- ❑ *1,5 kg Pökelrippchen*
- ❑ *3,4 kg Pökelnacken/Pökelbraten/Sauerfleisch*
- ❑ *1 kg Speck*
- ❑ *1,5 kg Schmalz*
- ❑ *1 kg Wurstfett*
- ❑ *ca. 20 l Wurstsuppe.*

Das übrige Fleisch habe ich eingefroren. Das ergab zusammen:

- ❑ *2 kg Gulasch*
- ❑ *2,9 kg Eisbein*
- ❑ *500 g Filet*
- ❑ *1,6 kg Kotelett ohne Knochen*
- ❑ *3,3 kg Bratenstücke und*
- ❑ *2,5 kg Rippchen.*

Insgesamt erhielt ich also 53,5 kg Fleisch, Wurst und Suppe."

EXPERTENTIPP

„Sollten Sie ein halbes Schwein verarbeiten wollen, fangen Sie zeitig am frühen Morgen an und arbeiten flott durch. Dann können Sie am Abend fertig sein. Es kostet alles mehr Zeit, als man anfänglich denkt!"

Abkürzungen

kg	=	Kilogramm
g	=	Gramm
l	=	Liter
cl	=	Zentiliter, also 0,01 l
El	=	Esslöffel
Tl	=	Teelöffel
Msp.	=	Messerspitze, Prise

Tipps für Einsteiger

INFO

Wenn in den Rezepten Bauchfleisch angegeben ist, können Sie ruhig auch Wamme und Brustspitze verwenden.

Kreieren Sie eigene Gewürzideen
Die Angaben, vor allem zu den Gewürzen, lassen Ihnen Platz für eigene Ideen. Probieren Sie ruhig ein wenig und kreieren Sie Ihre eigenen Variationen. Empfehlenswert ist es dabei, Ihre persönlichen Mengenangaben genau zu notieren, denn wenn es geschmeckt hat, freuen sich alle, wenn Ihnen die Wurst das nächste Mal wieder genauso gut gelingt.

Was Sie am Vortag vorbereiten können
Einige Dinge lassen sich bestens bereits am Vortag erledigen. Dazu gehören das Reinigen der Gläser und entsprechenden Verschlussdeckel sowie das Herstellen der Gewürzmischungen, zum Beispiel für die Rillettes. Dafür eignet sich eine nicht mehr benötigte Kaffeemühle.

Würzen des Kochwassers
Beginnen sollte man am Tag selber mit dem Erwärmen des Wassers in dem Kochkessel, in dem das gesamte benötigte Fleisch gegart werden soll. Fügen Sie beispielsweise ein Gewürzsäckchen – aus einem Leinentüchlein gebunden – mit Lorbeer, Piment- und Pfefferkörnern, Majoran, Knoblauch sowie eine Prise Salz hinzu. Ihrer Fantasie sind dabei keine Grenzen gesetzt, versuchen Sie auch andere Gewürzmischungen. Der typische Wurstsuppengeschmack entsteht ohnehin vor allem durch das Garen des Fleisches. Da bei unseren Beispielen keine Würste gebrüht werden, helfen Sie durch die Zugabe von Wurstresten aus der Mischschüssel nach.

Gründlich vermengen und verrühren
Ganz wichtig: Das gründliche Durchkneten oder -rühren ist erforderlich, um eine gute Bindung der Fleischbestandteile untereinander zu erzielen. Beim Kochen würden sich sonst die Fettanteile vom mageren Fleisch trennen, beim Abkühlen setzt sich das Fett sonst oben ab.

Gläser richtig befüllen
Nicht vergessen: der Inhalt Ihrer Wurstgläser dehnt sich beim Einkochen durch die Hitze aus. Daher ist es wichtig, genügend Platz zu lassen. Im allgemeinen genügen drei Zentimeter. Kleine Gläser sollten Sie allerdings grundsätzlich nur zu drei Vierteln befüllen.

Faustregel für die Einkochzeit
Pro Zentimeter Glasdurchmesser rund 10 Minuten. Beispiel: Bei einem Glas mit 20 cm Durchmesser rechnen Sie also mit 200 Minuten.

Die Rezepte
Die Reihenfolge der Rezepte entspricht nicht unbedingt der zeitlichen Aufeinanderfolge der Herstellung. Auch bei unserem Wurstexperten Herrn Leitholf läuft die Sache jedesmal ein bisschen anders ab. Da wird sicher jeder seine eigenen Erfahrungen machen.

Gewürzkreationen Ihrer Wahl verfeinern den Geschmack und geben Ihrer Wurst den letzten Pfiff.

Leckeres mit Hackfleisch

Grundrezept

Benötigte Geräte:
Fleischwolf (feine Scheibe),
Knoblauchpresse

3 kg mageres Fleisch
500 g Bauchspeck ohne
Schwarte
2 Knoblauchzehen
Pfeffer, Salz, Kümmel, Edelsüß-
paprika, gemahlene Senfkörner

1. Das Fleisch und den Speck in Stücke von ca. 3 cm Kantenlänge schneiden und zusammen mit dem vorher gepressten Knoblauch und den Gewürzen durch den Fleischwolf mit feiner Scheibe drehen. Eine noch bessere Durchmischung und zugleich eine meistens feinere Masse erzielt man beim nochmaligen Durchdrehen. Soll das Hackfleisch eingekocht werden, ist zweimaliges Wolfen auf alle Fälle zu empfehlen.

Hackepeter

Grundrezept
gehackte Zwiebeln nach
Wunsch

1. Die gewürfelten Zwiebeln kurz vor dem Servieren unter das Hackfleisch mischen. Wer die Zwiebel gleich mit durch den Fleischwolf.

2. Diese Hackfleischzubereitung kann man roh verzehren. Absolute Frische ist dabei freilich oberstes Gebot.

EXPERTENTIPP

„Auf Mengenangaben bei den Gewürzen wurde hier absichtlich verzichtet, da die Mischung doch sehr vom persönlichen Geschmack und auch von regionalen Besonderheiten abhängt. So wird im Magdeburger Raum viel mit Senfkörnern gearbeitet, im Thüringischen findet hingegen der Kümmel mehr Verehrer. Ich benutze beides in zerkleinerter Form und nicht in großer Menge."

STÜCK FÜR STÜCK ZERKLEINERT

Wie das Hackfleisch bezeichnet wird, ist regional sehr unterschiedlich. Spricht der Fleischer von Gehacktem, Gewiegtem, Durchgedrehtem oder möglicherweise auch von Geschabtem oder Schabefleisch, so befinden Sie sich eher in nördlichen Regionen. Verlangen Sie dagegen Gemischtes, werden Sie wahrscheinlich eher den südlichen Gefilden zugeordnet, denn die Mischung aus halb Schwein und halb Rind ist in Süddeutschland besonders beliebt.

Eingekochtes Hackfleisch

Grundrezept
Salz und Pökelsalz zu gleichen Teilen, Menge nach Geschmack
3 El Quark oder Stärkemehl

1. Im Unterschied zum nebenstehenden Grundrezept wird hier das Salz zur Hälfte durch Pökelsalz ersetzt, um eine schöne rötliche Farbe zu erzielen.

2. Quark oder Stärkemehl hinzugeben, anschließend die Masse gut mit dem Handrührgerät durcharbeiten.

3. Zum Einkochen die fertige Masse möglichst ohne Lufteinschlüsse in Gläser drücken. Füllen Sie die Gläser nicht bis zum Rand; der Inhalt muss sich noch ausdehnen können. Drei Zentimeter sollten schon frei bleiben, bei kleinen Gläsern ein Viertel der Höhe.

4. Die Dauer des Einkochens richtet sich nach dem Durchmesser des Glases: ungefähr 10 Minuten pro Zentimeter Durchmesser.

5. Achten Sie beim Einkochen darauf, dass die Temperatur unter dem Siedepunkt, aber über 80 °C liegt.

VARIATION

Fügen Sie der Fleischmasse gehackte Petersilie, Thymian und Oregano zu.

Kochklopse

Rohmasse „eingekochtes Hackfleisch" oder „Hackepeter"

1. Die Masse zu kleinen Bällchen formen.

2. In mit Wurstbrühe gefüllte große Gläser legen.

3. Anschließend einkochen.

TIPP

Verfeinern Sie Klopse oder Grillklößchen mit Paprikawürfeln, Kapern, gehackter Petersilie oder gewürfeltem Schafskäse.

EXPERTENTIPP

„In Thüringen bestreichen wir das Grillgut gerne mit Bier. Das schmeckt lecker und sorgt für eine appetitlich braune Farbe."

Gegrillte Fleischklößchen

500 g Hackfleisch nach Grundrezept

1 kleine Zwiebel

½ rote oder gelbe Gemüsepaprika

1 Ei

eventuell 1 altes, trockenes Brötchen, etwas Milch zum Einweichen

1. Zwiebel und Paprika in Würfelchen schneiden und ins Hackfleisch geben.

2. Nun das Ei dazu fügen und alles gut vermengen. Falls Sie es besonders locker mögen, geben Sie noch ein in Wasser oder Milch eingeweichtes und ausgedrücktes Brötchen dazu.

3. Flache Klöße formen, die dann auf den Grill kommen.

TIPP

Reichen Sie dazu Kartoffelsalat, knackige Radieschen und ein frisches Bier.

Wiegebraten

Benötigte Geräte:
Küchenmaschine/Standmixer
mit Messereinsatz

400 g Hackfleischzubereitung
wie bei eingekochtem Hack-
fleisch

½ altbackenes Brötchen

1 Ei

1 mittelgroße Zwiebel

¼ gewässerter und entgräteter
Salzhering

1 Msp. Edelsüßpaprika

1 Msp. Muskat, gemahlen

1 Msp. Kümmel, gemahlen
(falls Sie in Ihrer Hack-
fleischmischung keinen Küm-
mel verwendet haben)

2 El (gehäuft) frisch gehackte
Küchenkräuter nach Belieben
(z.B. Dill, Petersilie, Schnitt-
lauch, Salbei, Liebstöckel,
Sellerie usw.)

25 g Speck

3 El Wurstbrühe

1. Das zerteilte Brötchen in Wasser einweichen, bis es sich ganz vollgesogen hat, und dann sorgfältig ausdrücken.

2. Die Zwiebel, den Speck und den Hering sehr fein wiegen beziehungsweise mit der Küchenmaschine zerkleinern.

3. Anschließend alle aufgeführten Zutaten gründlich miteinander mischen, sodass eine gute Bindung entsteht.

4. In einer gefetteten Back- oder Auflaufform die Masse abgedeckt ca. 2 Stunden in der Backröhre bei 120 bis 140°C backen. Damit die Oberfläche schön braun wird, nimmt man in den letzten 30 Minuten die Abdeckung weg.

TIPP

Den Wiegebraten kann man kalt als Aufschnitt oder warm als Braten essen. Verfeinern lässt er sich durch das Einlegen hart gekochter Eier oder einer rohen oder gekochten Möhre in die noch ungebackene Hackfleischmasse.

Kochwürste

Grundrezept

Vier einfache Grundschritte bestimmen die meisten Kochwurst Rezepte:

☐ Fleisch garen.
☐ Fleisch zerkleinern: Dazu ist manchmal ein Fleischwolf nötig Oftmals genügt aber auch eine Küchenmaschine. Vielfach muss das gegarte Fleisch noch warm weiterverarbeitet werden Berücksichtigen Sie dies in Ihrer Planung.
☐ Mit anderen Zutaten zu einer möglichst homogenen Masse vermischen: Dabei kommt es auf gründliches Vermengen an, da nur eine gut gebundene Mischung ein gutes Endergebnis garantiert.
☐ Einkochen.

INFO

Die Festigkeit von Kochwürsten kann über die Zugabe von Schwarten beeinflusst werden. Zu wenig ergibt eine nicht schnittfeste Wurst, zu viel lässt sie „gummiartig" werden.

Gut gerührt
ist halb gewonnen

Soll die Wurst gelingen, müssen alle Zutaten gründlichst vermengt werden. Je nach der Festigkeit können Sie die Masse mit der Hand, dem Kochlöffel oder dem Handrührgerät kräftig durcharbeiten. Ziel ist jeweils die Bindung der Fett- mit den Eiweißbestandteilen. Dabei muss eine Emulsion entstehen. So verhindert man, dass sich beim Einkochen ein breiter Fettrand absetzt.

DIE QUAL DER WAHL

Kochwürste unterteilt man in drei große Gruppen:
☐ *Leberwurst. In diesem Buch finden Sie zahlreiche leckere Vertreter dieser beliebten Wurst: Leberwurst nach Meisterart, Hausmacher Leberwurst, Geflügelleberwurst und als regionale Spezialität die Bollenwurst.*
☐ *Blutwurst. Wir stellen Ihnen Thüringer Rotwurst und Zungenwurst vor.*
☐ *Sülzen. Zwei erprobte Rezepte für Schüsselsülzen führen Sie in die Welt der Aspikwaren ein.*

Leberwurst nach Meisterart

Benötigte Geräte:
Küchenmaschine/Standmixer
mit Messereinsatz

1,7 kg Schweineleber
3,4 kg gegartes Bauchfleisch
10 mittelgroße, Zwiebeln, roh
oder in glasig gebratenen
Scheiben
3 El Majoran, gehäuft, gemah-
len oder gerebelt
3 El Thymian, gehäuft, gemah-
len oder gerebelt
3 El weißen Pfeffer, gemahlen
3 El Salz
½ l Wurstbrühe

1. Das durchwachsene Bauchfleisch nach dem Garen zusammen mit den Zwiebeln in der Küchenmaschine zerkleinern.

2. Die sorgfältig entsehnte und ca. 5 Minuten lang gewässerte Leber ebenso zerkleinern und mit den Gewürzen unter die handwarme Bauchfleischmasse rühren.

3. Zum Schluss die Brühe hinzugeben. Ein gründliches Vermischen ist nötig, damit die Leber und das Fett eine Emulsion bilden können.

4. Anschließend die Masse in Gläser füllen und nach der Faustregel „10 Minuten je Zentimeter Glasdurchmesser" einkochen.

Leber fachgerecht vorbereiten
Damit die Leber nicht bitter schmeckt, müssen alle Gallengänge und größeren Gefäße herausgeschnitten werden. Auch sehnige Teile entfernen. Anschließend schneiden Sie die Leber je nach Bedarf in Scheiben oder Stücke und wässern sie einige Minuten.

Hausmacher Leberwurst

Benötigte Geräte:
Fleischwolf (feine Scheibe),
Küchenmaschine/Standmixer
mit Messereinsatz,
Knoblauchpresse

1 Schweineherz (ca. 500 g)

1 kg Schweineleber

2 kg rohes Bauchfleisch und mageres Fleisch

4 mittlere Zwiebeln

3 Knoblauchzehen

80 g Salz

2 Tl schwarzer Pfeffer, gemahlen

3 El Majoran, gemahlen oder gerebelt

2 El Thymian, gemahlen oder gerebelt

1. Das Herz gar kochen, den Fettrand abschneiden und anschließend zweimal durch den Fleischwolf mit feiner Scheibe drehen.

2. Die von Gefäßen und Sehnen befreite und gewässerte Leber, das Fleisch und die Zwiebeln mit der Küchenmaschine zerkleinern.

3. Anschließend die Masse mit dem Herz, dem gepressten Knoblauch und den Gewürzen gründlich mit Rührlöffel oder Handmixer durchmischen und in Gläser füllen. Achten Sie darauf, dass keine Lufteinschlüsse entstehen.

4. Bei ca. 90 °C die Gläser ungefähr 2 Stunden einkochen.

Geflügelleberwurst

Benötigte Geräte:
Küchenmaschine/Standmixer
mit Messereinsatz,
ggf. Fleischwolf (kleine Scheibe,

3 kg durchwachsener gegarter Bauch

1 kg Schweineleber

1 kg Geflügelleber

10 mittelgroße gedünstete Zwiebeln

1 El Thymian, gemahlen

90 g Salz

3 El gemahlener weißer Pfeffer

1 Msp. Zucker, besser Vanillinzucker

1 Tl Muskat, gerieben

1 Tl Ingwer, gemahlen

½ Tl Kardamom, gemahlen

1. Die rohe Geflügelleber von Gefäßen und Sehnen befreit wässern und anschließend mit der kleinen Scheibe wolfen, die rohe Schweineleber ebenfalls vorbereiten und dann mit der Küchenmaschine zerkleinern.

2. Unter die Lebermasse den ebenfalls zerkleinerten und

noch warmen Bauch sowie die Gewürze einschließlich der Zwiebeln mengen. Wie immer, muss auf eine gute Bindung der Bestandteile geachtet werden.

3. Anschließend die Masse in Gläser füllen und einkochen.

Fettarme Kalbsleberwurst

Benötigte Geräte:
Küchenmaschine/Standmixer
mit Messereinsatz,
ggf. Fleischwolf (kleine Scheibe)

400 g durchwachsener Bauch ohne Schwarte
600 g Schweineleber
1 kg Kalbfleisch
4 mittelgroße Zwiebeln
2 El Salz
2 El gemahlener, weißer Pfeffer
½ Tl Muskat, gerieben
½ Tl Kardamom, gemahlen

1. Das Fleisch und den Bauch gut bedeckt in Wasser legen und etwa 1 Stunde köcheln lassen.

2. Die Zwiebeln würfeln und glasig dünsten.

3. Die Leber von Gefäßen und Sehnen befreien und zur Desinfektion kurz in kochendes Wasser tauchen.

4. Das Fleisch, den Bauch, die Leber und die Zwiebeln mit der Küchenmaschine zerkleinern oder sorgfältig wolfen.

5. Die Gewürze hinzugeben und alles gut miteinander vermengen.

6. Anschließend die Masse in die vorbereiteten Gläser füllen und nach der Faustregel einkochen.

VARIATION

Verfeinern Sie Ihre Leberwurst mit Ingwer. Dieses exotische Gewürz verleiht der Leberwurst eine ganz besonders interessante Geschmacksvariante.

TIPP

Wer keine Leberstückchen in der Wurst mag, sollte die Geflügelleber auch mit der Küchenmaschine zerkleinern.

Kaninchenleberwurst

Benötigte Geräte:
Fleischwolf (feine Scheibe),
Küchenmaschine/Standmixer
mit Messereinsatz

---

1 Kaninchen

gleiche Menge Schweinebauch

1 Kaninchenleber

gleiche Menge Schweineleber

1 zerdrückte Knoblauchzehe

Die folgenden Mengen gelten
für 1 kg Fleisch und Leber. So
können Sie sich ganz nach dem
Gewicht des Kaninchens rich-
ten. Multiplizieren Sie einfach
das Gewicht der gesamten
Fleisch- und Lebermenge mit
den angegebenen Zutaten. Bei-
spiel: Bei 4,5 kg Fleisch und Le-
ber nehmen Sie 18 x 4,5 g Salz
= ca. 80 g Salz.

1 mittelgroße Zwiebel

18 g Salz

½ El weißer Pfeffer, gemahlen

1 Prise Muskat, gerieben (auf
5 kg Fleisch/Leber einen Tl)

1 Pimentkorn, zerstoßen oder
gemahlen

⅓ El Majoran, gemahlen

2 El Brühe

TIPP

Verarbeiten Sie
Kaninchenfleisch-
reste zu Ragout.

1. Das Kaninchen zerteilen.

2. Das Kaninchen und den Schweinebauch garen.

3. Nun die klein gewürfelten Zwiebeln glasig braten.

4. In der Zwischenzeit die Lebern entsehnen und einige Minuten wässern.

5. Das gegarte Kaninchenfleisch von den Knochen lösen und mit dem Schweinebauch durch den Fleischwolf mit feiner Scheibe drehen.

6. Die Masse gut mit der Brühe und den Gewürzen vermischen.

7. Die Lebern mit der Küchenmaschine zerkleinern und ebenfalls gut unter die handwarme Fleischmasse mengen. Achten Sie darauf, dass alle Bestandteile gut gebunden sind.

8. Jetzt die Wurstmasse in Gläser geben und einkochen.

Die richtige Gewürz-
mischung macht die
Kaninchenleberwurst
zum echten »Gaumen-
kitzler«.

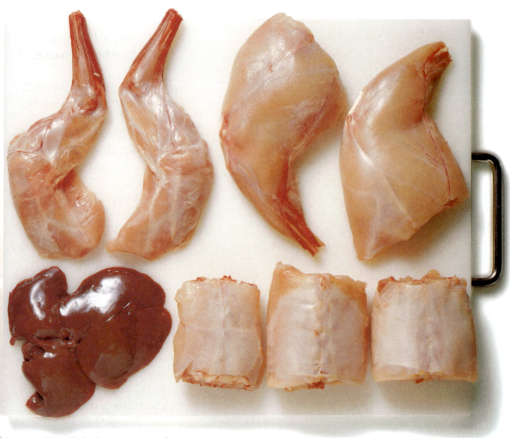

Früher alltäglich, heute exotisch:
Kaninchenfleisch. Doch auch heute noch werden hier und da Kaninchen als Nutztiere gehalten. Mit ihrem Fleisch kommt eine kaum noch
bekannte Geschmacksnote in die Wurst.

KANINCHEN ZERTEILEN

Trennen Sie zuerst von dem gut abgehangenen Kaninchen die beiden Schultern mit den Vorderläufen ab. Anschließend werden die
Bauchlappen abgeschnitten. Trennen Sie nun den Hals vor den
Rippen, die Rippen hinter der ersten Rippe und den Rücken am Beginn der Schlegel ab. Am einfachsten geht das mit dem Spalter
(Beil), Geübte benutzen ein Messer. Zuletzt werden an beiden Keu-
len die Pfoten abgehackt. Nun kann das Fleisch nach Wunsch weiter zerteilt werden.

EXPERTENTIPP

„Dies ist eigentlich eine Kreuzung aus der in der Magdeburger Börde bekannten Bollenwurst, der Zwiebelleberwurst des thüringischen Raumes und der in mehreren Regionen Deutschlands beheimateten Schwartenwurst. Wenn man mehr Zwiebeln und weniger Bauchfleisch verarbeitet, entsteht die reine Bollenwurst. Nimmt man hingegen weniger Zwiebeln und ausschließlich Schwarte, so wird es Schwartenwurst."

Bollenwurst

*Benötigte Geräte:
Küchenmaschine/Standmixer
mit Messereinsatz oder
Fleischwolf (feine Scheibe)*

*1 kg gegarte Schwarten
1 kg durchwachsenes Fleisch
(Bauch, magere Reststücke,
Speck)
10 große rohe Zwiebeln
1 Knoblauchzehe
40 g Salz
5 g Pfeffer
Kümmel nach Geschmack,
gebrochen, grob gemahlen
1 El Majoran, gehäuft, gerebelt
1 El Thymian, gerebelt*

1. Die Schwarten, das Fleisch und die Zwiebeln mit der Küchenmaschine oder dem Fleischwolf, feine Scheibe, zerkleinern.

2. Anschließend diese Masse mit dem gepressten Knoblauch und den anderen Gewürzen gut vermengen.

3. Zum Schluss in Gläser füllen und nach der Faustregel einkochen.

Schwartenwurst

*Aus dem thüringischen
Teil der Rhön*

*Benötigte Geräte:
Fleischwolf (feine Scheibe)*

*1 kg mageres Schweinefleisch
2 kg durchwachsener
Schweinebauch
1 kg Schwarten
5 g Kümmel (gemahlen oder
gebrochen, also grob gemahlen)
2 g gemahlener Muskat
2 g Piment, zerstoßen oder
gemahlen
100 g Salz
10 g weißer Pfeffer, frisch
gemahlen*

1. Das Fleisch und die Schwarten garen. Die Schwarten nicht mit der harten Seite nach unten in den Topf legen, damit sie nicht anbrennen.

2. Anschließend alles zweimal durch den Fleischwolf mit feiner Scheibe drehen, um eine möglichst feine und homogene Masse zu erhalten.

3. Nun die Gewürze gut unterrühren.

4. Die Masse in Gläser füllen und nach der Faustregel „10 Minuten pro Zentimeter Glasdurchmesser" einkochen.

Kochwurst aus Mett

Benötigte Geräte:
Fleischwolf (grobe Scheibe)

1 kg Schweinemett (gesalzen)
1 kg frischer Rückenspeck
500 g Zwiebeln
300 g Eiswürfel
1 El Majoran, gerebelt
1 El Pfeffer, gemahlen

1. Mett kühl stellen.

2. Den Rückenspeck würfeln und durch die grobe Scheibe wolfen.

3. Zwiebeln grob würfeln und ebenfalls durch den Fleischwolf geben, aber in einer extra Schüssel auffangen.

4. Den Speck in zerlassenem Fett andünsten, abkühlen lassen und beiseite stellen.

5. Die Eiswürfel zerkleinern – beispielsweise in einem Küchenhandtuch mit einem Hammer – und zusammen mit dem Mett, dem Speck, dem Zwiebelmus und den Gewürzen gründlich miteinander verkneten.

6. Nochmals abschmecken, dann ohne Lufteinschlüsse in die vorbereiteteten Gläser füllen und nach der Faustregel einkochen.

Fettarme Kochwurst

Benötigte Geräte:
Fleischwolf (feine Scheibe)

500 g Kaninchenfleisch
500 g Geflügelfleisch
500 g Kalbfleisch
500 g Schweinebauch ohne Schwarte
3 Eigelb
1 El Salz
1 El Pfeffer, gemahlen
2 Tl Muskatnuss, gerieben
geriebene Schale ½ Zitrone

1. Das Fleisch etwa 30 Minuten leicht köcheln lassen und anschließend zweimal durch den Fleischwolf geben.

2. Das Eigelb mit dem Fett der Kochbrühe gut verrühren und zum gewolften Fleisch geben.

3. Die Gewürze hinzufügen, alles gut miteinander vermengen. Zum Schluss noch 1 Tasse der Kochbrühe einarbeiten.

4. Die Masse in die Gläser füllen und einkochen.

TIPP

Soll wie beim Rezept „Fettarme Kochwurst" das Fleisch vorgekocht werden, achten Sie darauf, dass Sie nicht zu stark vorkochen – das geht auf Kosten des Wurstgeschmacks.

Thüringer Rotwurst

Benötigte Geräte:
Fleischwolf (feine Scheibe) oder
Küchenmaschine/Standmixer
mit Messereinsatz,
Handrührgerät

7 kg rohes durchwachsenes
Fleisch

1 l Schweineblut

1 kg gegarte Schwarten

1 kg rohe Schweineleber

200 g Nitritpökelsalz

20 g Zucker

25 g schwarzer Pfeffer

50 g Majoran

1 Msp. Kardamom

5 g Kümmel, gemahlen

3 Msp. Piment, gemahlen

2 Msp. Nelken, gemahlen

1 El Thymian

2 glasig gedünstete mittelgroße
gewürfelte Zwiebeln

TIPP

Besonders lecker schmeckt das Fleisch, wenn es in der Wurstbrühe gegart wird. Denken Sie aber daran, dass Sie anschließend kein ungepökeltes Fleisch mehr in die Brühe geben können, da sich das Pökelsalz darin aufgelöst hat. Nehmen Sie also einen separaten Topf fürs Pökelfleisch.

1. Das durchwachsene Fleisch in Stücke von ca. 5 cm Kantenlänge schneiden, mit der Hälfte des Pökelsalzes versetzen und anschließend ca. 3 Stunden zum Einbrennen des Pökelsalzes in einer zugedeckten Schüssel im Kühlschrank lagern.

2. Die andere Hälfte des Pökelsalzes ins Blut geben und mit dem Handrührgerät so lange verrühren, bis sich das Salz vollständig gelöst hat. Bis zur Verarbeitung das Blut kühl stellen.

3. Nach dem Pökeln das Fleisch garen, bis es weich ist (es darf aber nicht zerfallen) und in kleine Würfel mit 0,5 bis 1 cm Kantenlänge schneiden.

4. Die Leber roh mit der feinen Scheibe wolfen oder mit der Küchenmaschine zerkleinern.

5. Die gegarten Schwarten und die Zwiebeln ebenfalls wolfen oder in die Küchenmaschine geben.

6. Nun das Blut leicht erwärmen und mit den Gewürzen sowie allen anderen Zutaten gut vermengen. Das Fleisch muss dabei noch so warm sein, dass

man es gerade mit der Hand anfassen kann. So lange mit einem Kochlöffel oder dem Handmixer rühren, bis eine gute Verbindung aller Bestandteile erreicht ist. Für das Gelingen der Wurst ist die Bindung der Fett- mit den Eiweißbestandteilen des Blutes und der Leber von entscheidender Bedeutung. Wie bei anderen Wurstsorten wird auch hier auf diese Weise die Bildung eines zu großen Fettrandes verhindert.

7. Die fertige Masse in Gläser füllen. Auch hier rechnet man pro Zentimeter Glasdurchmesser etwa 10 Minuten Einkochzeit.

Tiegelblutwurst

1 l Blut
1 l Frischmilch
5 Brötchen, in Würfel mit
ca. 1,5 cm Kantenlänge
geschnitten
300 g Speck (am besten geräuchert, auch frischer Speck
kann verwendet werden)
2 mittelgroße Zwiebeln
40 g Salz
8 g schwarzer Pfeffer, gemahlen
10 g Majoran

1. Blut durch ein feines Sieb seihen und mit der Milch vermischen.

2. Brötchenwürfel darin einweichen.

3. Zwiebeln klein würfeln und ebenfalls untermischen.

4. Der fein gewürfelte Speck wird in einer Pfanne glasig oder kross – je nach Geschmack – ausgelassen. Anschließend erkalten lassen.

5. Bestreichen Sie die Ränder der Pfanne mit dem Fett, damit die Masse beim Backen nicht anhaftet.

6. Nun die Speckwürfel in der Pfanne mit der Blutmasse vermengen und alles im Ofen bei mittlerer Hitze (ca. 175 °C, bei Umluft etwas weniger) ca. 1 Stunde backen. Die Tiegelblutwurst ist fertig, wenn sich an der Oberfläche eine Kruste bildet.

TIPP

Die Tiegelblutwurst schmeckt warm mit Brat- oder Salzkartoffeln oder Kartoffelbrei und frischem Salat ebenso gut wie kalt aufs Brot.

Zungenwurst

Zunge ist nicht gleich Zunge

Bei Zunge gilt noch der Grundsatz: je teurer, desto besser. Wie das kommt? Der relativ hohe Preis von Zunge und auch ihre Qualität bemessen sich vor allem an der Art des Zuschnitts. Und da ist entscheidend, wie sorgfältig die Zunge vom Kehlkopf getrennt wurde. Zunge gibt es von Schwein, Kalb und Rind. Sie wird auch gepökelt angeboten.

Benötigte Geräte:
Küchenmaschine/Standmixer
mit Messereinsatz

2,5 kg Bauchfleisch
1,5 kg Rinder- oder Schweinezunge
500 g Schwarte
½ l Schweineblut
5 mittelgroße, gewürfelte, angedünstete Zwiebeln
100 g Pökelsalz
15 g gemahlener schwarzer Pfeffer
10 g Majoran, gemahlen oder gerebelt
1 El Thymian, gemahlen oder gerebelt
1 El Zucker
1 Msp. Piment, gemahlen

1. Die Zunge und den in Stücke von ca. 5 cm Kantenlänge geschnittenen Bauch mit der Hälfte des angegebenen Pökelsalzes

pökeln und das Fleisch ca. 3 Stunden durchbrennen lassen.

2. Der Rest des Pökelsalzes dem Blut zusetzen, das man bis zur Weiterverarbeitung kalt stellt. Kurz vor der Verwendung das Blut gut durchrühren.

3. Nach der Pökelzeit die Zunge, die Fleischstücke und die Schwarten garen. Die Zunge muss danach noch enthäutet werden. Das geht recht einfach, wenn die Zunge gar ist.

4. Anschließend die Schwarte mit der Küchenmaschine oder dem Standmixer zerkleinern. Bauch und Zunge in kleine Würfel von 0,5 bis 1 cm Kantenlänge schneiden. Sind die Zungenstückchen zu groß, lässt sich die Wurst hernach nur schlecht aufs Brot streichen.

5. Das leicht erwärmte und nochmals gut durchgerührte Blut mit den warmen Fleischstücken und den anderen Zutaten gut vermengen, sodass die erwünschte Bindung entsteht.

6. Danach die Masse in Gläser füllen und nach der Faustregel „10 Minuten pro Zentimeter Glasdurchmesser" einkochen.

Schüsselsülze

Benötigte Geräte:
Küchenmaschine/Standmixer
mit Messereinsatz

1,5 kg gegartes durchwachse-
nes Fleisch (Backe, Bauch und
magere Fleischstücke)

1 kg gegarte und mit der
Küchenmaschine zerkleinerte
Schwarten

Salz, Pfeffer, gebrochener, d.h.
grob gemahlener Kümmel

½ l Brühe vom Garen der Beine,
der Schwarten und des Kopfes

1. Das gegarte Fleisch in Würfel mit ca. 1 cm Kantenlänge schneiden und mit
   den Schwarten und der
   Brühe mischen.

2. Gewürze hinzugeben. Beim
   Salzen lieber vorsichtig
   sein, Pfeffer und Kümmel

dagegen dürfen großzügig
verwendet werden.

3. In einer kleinen Schale eine Probe im Kühlschrank
   kalt stellen. Sobald sie fest
   ist (nach ca. ½ Stunde),
   endgültig abschmecken.

4. Falls erforderlich, die Masse nach würzen.

5. Anschließend alles in Gläser füllen und nach der
   Faustregel einkochen.

TIPP

Bringen Sie die Sülze mit ei-
ner Essig-Öl-Zwiebel-Sauce
oder einem anderen Dres-
sing auf den Tisch. Dazu
schmecken krosse Bratkar-
toffeln und würzige Senf-
gurken. Mit einem kühlen
Schwarzbier ist diese Sülz-
Mahlzeit perfekt.

VARIATION

Geben Sie Gemüse
wie Möhren, Pilze
oder Gurken zur Sül-
ze. Das ergibt ein far-
benfrohes Bild und
verfeinert den Ge-
schmack.

Schüsselsülze mit Pökelfleisch

Benötigte Geräte:
Küchenmaschine/Standmixer
mit Messereinsatz,
Knoblauchpresse

3 kg mageres Fleisch
1 kg gegarte und mit der
Küchenmaschine oder dem
Standmixer zerkleinerte
Schwarten
½ l Wurstbrühe
100 g Pökelsalz
4 gewürfelte und gedünstete
mittelgroße Zwiebeln
1 gepresste Knoblauchzehe
Pfeffer, Kümmel, Muskat

TIPP

Servieren Sie diese
Sülze zu einem kräfti-
gen Bauernbrot.

1. Die Fleischstücke werden mit dem Pökelsalz eingerieben und 3 bis 4 Stunden zum „Durchbrennen" kühl gelagert.

2. Das Fleisch garen, bis es weich, aber noch schnittfest ist.

3. Das Fleisch in Würfel von ca. 1 cm Kantenlänge schneiden und mit den Schwarten und der Brühe mischen.

4. Eine kleine Menge zur Gelierprobe in den Kühlschrank stellen. Ist die Masse fest, abschmecken und bei Bedarf nachwürzen.

5. Die Sülze in Gläser füllen und einkochen.

SÜLZE MAL ANDERS

☐ *Aspikliebhaber können den Anteil an Brühe bei den Sülzrezepten nach Belieben erhöhen. Dann sollten Sie allerdings unbedingt eine Gelierprobe machen. Meist geliert die Brühe zwar von allein; sollte dies einmal nicht der Fall sein, kann man mit farbloser Gelatine nachhelfen. Dazu Gelatine in Blatt- oder Pulverform in etwas fettfreier Brühe aufquellen lassen und dann unter die Sülze mischen, wobei sie sich vollständig auflösen muss.*

☐ *Sauer macht lustig! Mit ein wenig Wein- oder Kräuteressig bekommt die Sülze besonderen Pfiff.*

Brühwürste

Bierschinken

Benötigte Geräte:
Küchenmaschine/Standmixer
mit Messereinsatz,
Fleischwolf (feine Scheibe),
eventuell Handrührgerät

3 kg mageres Schweinefleisch
500 g Bauchfleisch
500 g Rindfleisch ohne Sehnen
(kann auch durch mageres
Schweinefleisch ersetzt werden)
1 kg Schwarten oder Backe
1 l Wasser oder entfettete Brühe
10 g Zucker
100 g Nitritpökelsalz
1,5 g Pfeffer
1 g Ingwer
2 g Koriander
¼ Knoblauchzehe

1. Ein Drittel bis eine Hälfte des mageren Schweinefleisches über Nacht in einer 10-prozentigen Nitritpökelsalzlösung pökeln.

2. Das restliche Fleisch einschließlich Bauch und Schwarten roh durch den Fleischwolf (mit feiner Scheibe) drehen und anschließend mit den Gewürzen, dem restlichen Pökelsalz und dem Wasser oder der Brühe vermengen. Alles so lange mit einem Kochlöffel oder dem Handrührgerät rühren, bis das Wasser vollständig gebunden ist.

3. Die Masse für ungefähr eine halbe Stunde im Kühlschrank ruhen lassen.

4. Danach die Masse 3 bis 4 Minuten lang in der Küchenmaschine oder dem Standmixer zunächst zerkleinern und dann rühren, bis sie zähflüssig aber nicht dünn ist.

5. Das gepökelte Fleisch mit Küchenkrepp abtrocknen und in Würfel von ca. 2 cm Kantenlänge schneiden.

6. Die Fleischwürfel unter die Masse geben und so lange rühren, bis alles gut gebunden ist.

7. Das nun fertige Wurstbrät in Gläser füllen. Am besten stoßen Sie dabei mehrmals mit der Handfläche von unten gegen das Glas. Grundsätzlich die Gläser nur zu zwei Drittel füllen und bei ca. 90 °C nach der Faustregel einkochen.

EXPERTENTIPP

„In früheren Zeiten wurden bei Hausschlachtungen kaum Brühwürste hergestellt, da sie komplizierter in der Zubereitung sind und eine höhere technische Ausstattung erfordern. Doch durch die heute in den meisten Haushalten vorhandenen Küchenmaschinen ist die hobbymäßige Herstellung von Brühwürsten kein Problem mehr. Die vielen Möglichkeiten des Würzens und der Zusätze, zum Beispiel rote Paprika, Pilze oder Pistazien, lassen eine unendliche geschmackliche und visuelle Vielfalt zu.“

Hamburger gekochte Mettwurst

Benötigte Geräte:
Fleischwolf (mittlere Scheibe)

4 kg durchwachsenes Schweinefleisch
2 kg Rindfleisch
4 kg Schweinebauch
1 l Wasser oder entfettete Brühe
230 g Nitritpökelsalz
30 g gemahlener schwarzer Pfeffer
10 g Edelsüßpaprika oder ¼ zerdrückte Knoblauchzehe – je nach Geschmack
1 Tl Zucker
5 g Muskat
3 g Koriander

1. 1 kg Schweinefleisch und 1 kg Bauch beiseite legen, alle anderen Zutaten zweimal durch den Fleischwolf drehen und vermengen, bis eine gute Bindung erreicht ist.

2. Das restliche Fleisch in Würfel von ca. 1 cm Kantenlänge schneiden.

3. Die Fleischwürfel unter die Masse mischen, die anschließend noch einmal durch die grobe Scheibe gewolft wird. Da nicht mit der Küchenmaschine gearbeitet wird, bleibt die Wurst dadurch etwas gröber.

4. Nun alles ohne Lufteinschlüsse in Gläser füllen – am besten ein paar Mal mit der Handfläche von unten gegen das Glas stoßen – und bei ca. 90 °C nach der Faustregel „10 Minuten pro Zentimeter Glasdurchmesser" einkochen.

Jagdwurst

Benötigte Geräte:
Fleischwolf (feine Scheibe),
Küchenmaschine/Standmixer
mit Messereinsatz

4,5 kg durchwachsenes Schweinefleisch
1,5 kg entsehntes Rindfleisch
4 kg Schweinebauch
1 l Wasser oder entfettete Brühe
230 g Nitritpökelsalz
20 g Zucker
25 g schwarzer Pfeffer, gemahlen
10 g Rosenpaprika
10 g Edelsüßpaprika
5 g Mazis
½ Knoblauchzehe
5 g Koriander
3 g Ingwer

Mazis
Mazis oder Muskatblüte wird die getrocknete rote Hülle der Muskatnuss genannt. Daher ähnelt der Geschmack dem Muskat. Mazis lässt sich daher wie dieser verwenden, ist jedoch milder und blumiger.

1. Die Hälfte des Schweinefleisches und -bauches in Würfelchen von ca. 1 cm Kantenlänge schneiden.

2. Alle anderen Zutaten durch den Wolf drehen und im Anschluss mit der Küchenmaschine oder dem Standmixer zu einer feinen und gut gebundenen Masse verarbeiten.

3. Nun die Fleischwürfel untermischen.

4. Zum Schluss alles ohne Lufteinschlüsse in Gläser füllen und wie die anderen Brühwürste einkochen.

Mortadella

Benötigte Geräte:
Fleischwolf (feine Scheibe),
Küchenmaschine/Standmixer
mit Messereinsatz

2,5 kg durchwachsenes Schweinefleisch mit einem kleinen Anteil Bauch

2 kg entsehntes Rindfleisch

500 g Räucherspeck (frischer tut's auch)

250 g Schweineherz

1 l Wasser oder entfettete Brühe

230 g Nitritpökelsalz

15 g schwarzer Pfeffer

10 g Edelsüßpaprika

5 g Muskat

3 g Mazis

5 g Koriander

1. Das Herz und die Hälfte des Specks in Würfelchen von ca. 1 cm Kantenlänge schneiden.

2. Alle übrigen Fleischzutaten durch die feine Scheibe des Fleischwolfs drehen und die Masse gründlich mit Kochlöffel oder Handrührgerät vermengen. Anschließend für eine halbe Stunde in den Kühlschrank stellen.

3. Nun mit der Küchenmaschine oder dem Standmixer aus der Masse feines Brät zubereiten.

4. Die Fleischwürfel untermengen und gründlich rühren, bis alles gut gebunden ist.

5. Das Abfüllen in Gläser und das Einkochen werden wie bei den anderen Brühwürsten gehandhabt.

Ein Klassiker aus Italien: die eingearbeiteten Speckwürfelchen und Pfefferkörner sind typisch für die Mortadella.

Pasteten und Terrinen

„Da sich Leberkäse frisch nur ein paar Tage im Kühlschrank hält, verwende ich Formen, die gerade eine Mahlzeit aufnehmen können. Die nicht sofort verwendeten Portionen friere ich ein.“

Vielseitig wie die Würste kommen auch die Pasteten und Terrinen (so nennt man Pasteten ohne Teigmantel) daher: mal rustikal, mal fein. Immer sind sie eine willkommene Abwechslung zum gewohnten Aufschnitt. Auch als warmes Essen eignen sie sich. Sie sind zwar relativ zeitaufwendig in der Herstellung, aber gerade wenn Sie gerne Gäste einladen, sind Pasteten und Terrinen ideal, denn sie können im Voraus zubereitet werden.

Gebackener Leberkäse

Benötigte Geräte:
Küchenmaschine/Standmixer
mit Messereinsatz,
eventuell. Fleischwolf
(feine Scheibe),
Handrührgerät

800 g Schweinefleisch (Bauch,
Backe, magere Reststücke)

200 g Leber

0,1 l Wurstbrühe

20 g Pökelsalz

3 g schwarzer Pfeffer, gemahlen

1 Msp. Muskat

1 Msp. Mazis

1 Msp. Koriander

1 Msp. Kardamom

1 Msp. Edelsüßpaprika

1. Das Fleisch mit der Küchenmaschine zerkleinern.

2. Anschließend das zerkleinerte Fleisch gut mit der Brühe vermengen, bis das Wasser vollständig gebunden ist. Dazu eignet sich am besten ein Handrührgerät.

3. Dann die gründlich gewässerte und sorgfältig entsehnte Leber schneiden. Bei etwas größeren Leberstücken hierzu den Fleischwolf benützen, ansonsten wird die Leber mit der Küchenmaschine oder aber dem Standmixer zerkleinert.

4. Nun die Fleischmasse gut mit der Leber und den Gewürzen mischen. Je länger man rührt, desto besser werden die wässrigen Bestandteile gebunden. Dazu eignet sich das Handrührgerät mit Rühr- beziehungsweise Knetwerk.

5. Die fertige Masse in gefettete Formen bei ca. 75 bis 85 °C für 2 Stunden im Backofen garen. Eine lecker-knusprige Kruste bekommt der Leberkäse, wenn die Temperatur in den letzten 15 Minuten auf 120 °C erhöht wird.

TIPP

In Bayern isst man den „Leberkäs" warm, am besten mit Brezen oder Kartoffelsalat und süßem Senf. Die vielseitige Speise schmeckt aber auch kalt als Aufschnitt sehr gut.

Leberkuchen

Benötigte Geräte:
Fleischwolf (feine Scheibe)

500 g Leber
250 g Bauchfleisch
1 mittelgroße Zwiebel
2 Eier
⅛ l Sahne
1 trockenes, altes Brötchen
Milch zum Einweichen
1 Prise Salz
1 Prise weißen Pfeffer

Auch die Thüringer haben ihren „Leberkäs". Hier heißt er Leberkuchen und kommt als kräftiges Mittagessen daher. Traditionell wird Leberkuchen mit Kartoffelbrei und gerösteten Zwiebeln gegessen.

1. Das Brötchen in der Milch einweichen und kräftig ausdrücken.

2. Leber, Bauchfleisch und Zwiebel fein wolfen und anschließend mit dem Brötchen und den anderen Zutaten gut vermengen.

3. Die Masse in eine gefettete Form geben und bei ca. 175 °C 45 Minuten backen.

Pastete mit grünem Pfeffer

Benötigte Geräte:
Küchenmaschine/Standmixer
mit Messereinsatz

400 g mageres Fleisch
300 g Bauchfleisch
300 g entsehnte und gewässerte Leber
20 g Pökelsalz
5 g schwarzer Pfeffer, gemahlen
2 El grüner Pfeffer, eingelegt
2 El Sahne
3 El Wurstbrühe
1 El Stärkemehl
1 Msp. Zucker
2 Msp. Muskat, gerieben
1 Msp. Kardamom
1 Msp. Piment
1 Tl Sojasauce

1. Das Fleisch und die Leber zusammen in der Küchenmaschine oder mit dem Standmixer zerkleinern.

2. Die übrigen Zutaten nach und nach unter die Masse mischen. Die Fleischmasse sollte nicht zu warm sein, da sonst nicht die gesamte Menge Brühe vom zerkleinerten Fleisch gebunden werden kann – beim Anschneiden der Pastete würde die Flüssigkeit austreten Am besten die Masse kurz in den Kühlschrank stellen Profis kühlen beim Cutten (Zerkleinern) sogar mit Eis.

WARENKUNDE SOJASAUCE

Die klassische japanische Würze blickt auf eine über 2500-jährige Geschichte zurück. Eigentlich stammt sie aus China. Eine buddhistische Gemeinschaft, die auf Fleisch und Fleischsaucen verzichtete, brachte die herzhafte Würzsauce nach Japan, wo sie schnell beliebt wurde.

Traditionell entsteht Sojasauce in einem aufwändigen, mehrstufigen Gärprozess und kommt daher ohne chemische Zutaten aus. Billigprodukte werden dagegen künstlich gereift. Verwenden kann man Sojasauce sehr vielseitig, zu Fleisch ebenso wie zu Fisch und Gemüse.

(Quelle: Kikkoman)

VARIATION

Sie lieben es scharf? Probieren Sie einmal diese Pastete mit noch mehr grünem Pfeffer oder einem Spritzer Tabasco, den Sie an die rohe Fleischmasse geben.

3. Die gut in sich gebundene Fleischmasse in leicht gefettete Formen oder Einweckgläser füllen und ca. 2 ½ Stunden bei 75 bis 85 °C garen beziehungsweise einkochen. Beim Einkochen die Temperatur zum Schluss 10 Minuten lang auf 100 °C erhöhen, damit die Gläser auch richtig dicht schließen.

TIPP

Diese Pastete können Sie auch als Terrine verarbeiten oder mit einem Teigmantel versehen als „richtige" Pastete servieren. Für den Teig benötigen Sie 450 g Pastetenteig (400 g helles Weizenmehl, 2 Eigelbe, 200 g weiche Butter, 1 Prise Salz, 4–5 El Wasser zum Verkneten) und zum Bestreichen der Teigplatten eine Mischung aus 1 Eigelb und 1 El süßer Sahne.

Hackfleischterrine

2 große Zwiebeln

1 kg reines Schweinehack oder gemischtes Hackfleisch

4 Eier

2 Tl scharfer Senf

Salz

schwarzer Pfeffer, frisch gemahlen

½ Tl Paprikapulver edelsüß

½ El Thymian

250 g Möhren

1 Zucchino

200 g Weißkohl

3 El Butter

1 Msp. Muskatnuss, gemahlen

1. Die Zwiebeln abziehen und fein hacken.

2. Das Hackfleisch mit den Zwiebeln, den Eiern und dem Senf gut vermischen. Den Fleischteig mit Salz, Pfeffer, Paprikapulver und Thymian kräftig abschmecken.

3. Das Gemüse putzen und waschen. Die Möhren in dünne Scheiben, Zucchino und Weißkohl in schmale Streifen schneiden.

4. Nun 1 Esslöffel Butter zerlassen und das Gemüse darin etwa 5 Minuten dünsten. Mit Salz, Pfeffer und Muskatnuss würzen.

5. Eine rechteckige Terrine oder Kastenform mit Butter ausstreichen und ein Drittel des Hackfleischteigs hineinfüllen. Etwas Gemüse zur Dekoration beiseite stellen und die Hälfte des restlichen Gemüses in die Form geben. Dann wieder eine Lage Hackfleisch, Gemüse und abschließend nochmal Hackfleisch einschichten. Die Oberfläche mit Gemüse garnieren.

6. Die restliche Butter zerlassen und darüber träufeln.

7. Im vorgeheizten Backofen bei 200 °C etwa 50 Minuten backen.

TIPP

Die Hackfleischterrine können Sie unkompliziert mit Baguette und grünem Salat servieren. Sie eignet sich auch gut zum Einfrieren.

Pastete mit Rotwein

Benötigte Geräte:
Küchenmaschine/Standmixer
mit Messereinsatz,
Handrührgerät

400 g mageres Fleisch
400 g Bauchfleisch
250 g rohe gewässerte Leber
2 mittelgroße Zwiebeln
1 El Stärkemehl
20 g Pökelsalz
50 g Dörrobst (Aprikosen oder
Pflaumen)
1 Fl. trockener Rotwein,
z.B. Bordeaux
3 El Milch
je 1 Msp. Muskat,
Koriander, Nelken, Piment,
Thymian und Majoran
(gemahlen)

1. Das Dörrobst etwa einen
   Tag lang in Rotwein einweichen. Den übrigen Wein
   zur fertigen Pastete reichen.

2. Fleisch, Leber und das auf-
   geweichte und gut abge-
   tropfte Dörrobst werden
   gemeinsam mit der Küchenmaschine oder dem Standmixer zerkleinert.

3. Die restlichen Zutaten zur
   Masse hinzufügen und
   gründlich mit dem Handmixer verrühren, bis die
   gesamte Flüssigkeit gebunden ist.

4. Die Masse in Formen oder
   zum Einkochen in Gläser
   einfüllen. Die Gar- beziehungsweise Einkochzeit
   beträgt 2 ½ Stunden bei
   75 bis 85 °C. Wenn Sie einkochen, muss die Temperatur zum Schluss über einen Zeitraum von 10 Minuten auf 100 °C erhöht
   werden, damit die Gläser
   auch vollkommen dicht
   schließen.

Diese köstliche Pastete
ist ein Loblied auf die
französische Küche.
Damit zaubern Sie ein
Stück Frankreich auf
Ihre Tafel.

Schüsselpastete mit Schweinefleisch

Schüsselpasteten kommen aus der englischen Küche, wo man sie „Pie" (sprich pei) nennt. Typischerweise werden sie in relativ flachen Schüsseln oder Backformen zubereitet und enthalten Fleisch- oder Fischragout im Teigmantel. Bei eher flüssigen Füllungen wird die Pastete nur mit einem Teigdeckel gebacken.

Benötigte Extras:
flache Pastetenform,
Frischhalte- und Alufolie

Teig:
250 g Butter
500 g Mehl
Salz
Füllung:
500 Schweinefleisch aus Keule oder Schulter
150 g geräucherter Schweinebauch
1 El Butterschmalz
3 Frühlingszwiebeln
Salz
frisch gemahlener Pfeffer
500 g Schweinehack
12 Schalotten
¼ l helles Bier
2 El Tomatenmark
250 g Kartoffeln
½ rote Paprikaschote
1 Knoblauchzehe
Muskatnuss, frisch gerieben
½ Tl getrockneter Majoran
½ Bund glatte Petersilie
12 große feste Champignons
Zum Bestreichen:
1 Eigelb
1 El Sahne

1. Für den Mürbeteig die Butter zu Flöckchen zerhacken. Mit dem Mehl, Salz und 4 Esslöffeln eiskaltem Wasser vermischen. Zu einem glatten Teig verkneten, zu einer Kugel formen, in Folie wickeln und mindestens 30 Minuten in den Kühlschrank legen.

2. Das Schweinefleisch in große Würfel, den Schweinebauch in kleine Würfel schneiden. Butterschmalz zerlassen und beide Fleischsorten anbraten.

3. Frühlingszwiebeln waschen, abziehen und hacken. Zwiebeln in die Pfanne geben und alles mit Salz und Pfeffer bestreuen.

4. Das Schweinehack einrühren und krümelig braten.

5. Schalotten abziehen und zugeben.

6. Weitere 5 Minuten alles gut durchbraten, dann mit dem Bier löschen und das Tomatenmark einrühren.

7. Während die Fleischmischung auf schwacher Hitze köchelt, die Kartoffeln schälen und roh zum Fleisch reiben.

8. Paprikaschote putzen, die Samenstränge entfernen und sehr fein würfeln. Zusammen mit der abgezogenen und gepressten Knoblauchzehe ins Fleisch rühren. Mit geriebener Muskatnuss,

Majoran und gehackter Petersilie würzen. Zuletzt mit Salz und Pfeffer abschmecken.

9. Die Champignons waschen, putzen. Sie werden roh in die gefüllte Pastete gesteckt.

10. Den Mürbeteig halbieren, jede Hälfte auf der bemehlten Arbeitsfläche etwa 4 mm dick ausrollen. Zwei runde Platten ausschneiden: eine um 2 cm größer im Durchmesser als die Öffnung der Pastetenschüssel, die zweite Teigplatte um weitere 4 cm größer.

11. Die größere der beiden Teigplatten wird in die Pastetenschüssel gelegt, sodass sie gleichmäßig über den Rand hängt. Die abgekühlte Fleischmischung einfüllen und die Champignonköpfe hineinstecken. Die zweite Teigplatte als Deckel darüber legen. Beide Teigplatten entlang dem Rand der Form fest aufeinander drücken und den unteren Rand über den Deckel nach innen schlagen. Mit einem Löffelstiel beide Teigränder fest aufeinander drücken und dabei in gleichmäßigen Abständen verzieren.

12. Mit einem Ausstecher in die Mitte des Teigdeckels ein Loch stechen, aus Alufolie einen passenden Kamin als Dampfabzug drehen und hineinstecken. Aus Teigresten können Verzierungen angebracht werden.

13. Eigelb und Sahne verrühren und den Teig damit gleichmäßig einstreichen.

14. Die Schüsselpastete im vorgeheizten Backofen bei 200 °C auf der zweiten Schiene von unten ca. 30 Minuten goldbraun backen.

TIPP

Reichen Sie zu dieser Pastete einen frischen, knackigen Endiviensalat.

Ententerrine

Benötigtes Extra:
Fleischwolf (feinste Scheibe),
Küchenmaschine mit
Messereinsatz

TIPP

Damit die Enten-
terrine auch gelingt,
sollten alle Zutaten
und Werkzeuge gut
gekühlt sein. Ebenso
wichtig ist es, dass
alle Fleischstücke
gründlich von Haut
und Sehnen befreit
und sauber und
gleichmäßig ge-
schnitten sind.

1 Entenbrust

falls vorhanden, Entenlebern
für die Farce

Salz

frisch gemahlener weißer
Pfeffer

1 El Öl

100 ml stark eingekochter
Entenfond

4 cl Sherry

1 Tl Beifuß

600 g Entenfleisch

400 g mageres Schweinefleisch

3 Eier

350 g Schlagsahne

150 g fetter Speck

Piment

1 El Pinienkerne

1 El Trüffelstücke

500 g grüner Speck in Scheiben
zum Auslegen der Form

1. Die Entenbrust mit Salz und Pfeffer würzen. Das Öl in einer Pfanne stark erhitzen. Die Brust scharf anbraten und etwa 5 Minuten ziehen lassen. Danach kalt stellen.

2. Den stark reduzierten Entenfond mit dem Sherry und dem Beifuß 5 Minuten aufkochen, dann gründlich abseihen und abkühlen lassen.

3. Das restliche Fleisch, die Eier und 150 g flüssige Sahne durch die feinste Scheibe des Fleischwolfs drehen. Dann portionsweise in der Küchenmaschine mit Messereinsatz pürieren.

4. Mit dem Speck ebenso verfahren.

5. Die Fleischfarce mit Speck, Piment, Salz, Pfeffer und dem kalten, reduzierten Entenfond gründlich vermengen.

6. Zuletzt die restliche Sahne steif schlagen und zusammen mit den Pinienkernen und den fein gewürfelten Trüffelstückchen unter die Masse ziehen.

7. Die Form mit Speckscheiben auslegen und die Hälfte der Farce in die Form streichen. Die abgekühlte Entenbrust in gleichmäßige Stücke schneiden, in Länge der Form, und in die Mitte hinein legen. Die restliche Farce darüber streichen.

8. Die Form mehrfach fest aufstoßen, um mögliche Hohlräume zu schließen, dann die Speckscheiben über der Farce fest zusammenziehen, eventuell garnieren und die Form schließen.

9. Die Terrine im Backofen im vorgeheizten Wasserbad bei 140 °C 1 ¼ Stunden garen. Achtung: Die Wassertemperatur darf 80 °C nicht überschreiten!

Mit dieser exquisiten Terrine bringen Sie wirklich ein festliches Mahl auf den Tisch.

Gefüllter Schweinefuß

Benötigte Extras:
Fleischwolf (feine Scheibe),
starkes Nähgarn,
Küchengarn,
altes Küchentuch

TIPP

Noch besser als nur
pochiert, schmeckt die
Haxe geräuchert.
Wenn Sie selbst kein
Räuchergerät besit-
zen, bitten Sie Ihren
Metzger, den gefüllten
Schweinefuß in den
Rauch zu hängen.
Planen Sie hierzu
mehrere Tage ein.

1 gebrühte Vorderhaxe (gut
1 kg) mit unverletzter Haut
200 g frischer Speck
12 g Salz
weißer Pfeffer, frisch gemahlen
1 Msp. Piment
Muskatnuss, frisch gerieben
6 zerquetschte Wacholder-
beeren
1 Tl frischer Thymian, gerebelt
1 Tl frischer Majoran, gerebelt
2 Knoblauchzehen
200 g schieres, rohes Kasseler
25 g Pistazien
25 g Pinienkerne
1 Bund Suppengrün
2 Lorbeerblätter für den Sud

1. Am Vortag den Fuß hohl bis auf die Zehen auslösen. Dabei die Haut wie einen Strumpf nach unten ziehen. 24 Stunden wässern. Das Haxenfleisch von den Knochen lösen.

2. Das Fleisch und den Speck Scheiben schneiden.

3. Den Knoblauch abziehen, durchpressen, mit den Gewürzen an das Fleisch und den Speck geben und vermengen.

Zum gefüllten
Schweinefuß passen
Senf- oder Essiggurken
und frische Tomaten
besonders gut.

4. Das gewürzte Fleisch zweimal durch die feine Scheibe des Fleischwolfs drehen, den Speck nur einmal.

5. Das Kasseler grob würfeln. Mit den Pistazien, den Pinienkernen und dem Speck unter die Fleischmasse mischen. Von dieser Füllung einen Probekloß garen. Eventuell nachwürzen.

6. Den Schweinefuß trockentupfen mit der Farce stopfen (nicht zu prall!). Am offenen Ende Löcher für die Naht vorstechen und mit starkem Garn zunähen.

7. Die Haxe auf einen Kochlöffel legen und mit ca. 5 cm breiten Baumwollstreifen – aus einem Küchentuch geschnitten – umwickeln. Mit zusätzlichem Küchengarn umwickeln.

8. Das Suppengrün putzen, waschen und in grobe Stücke teilen. Am besten in einem Fischkochtopf kaltes Wasser mit Salz, dem Suppengrün und den Lorbeerblättern vorbereiten.

9. Die Haxe einsetzen, sodass sie ganz mit Wasser bedeckt ist. Den Sud bei geringer Hitze sehr langsam zum Köcheln bringen. Die

Haxe bei ca. 80 °C etwa 3 ½ Stunden garen und im Sud erkalten lassen.

10. Die kalte Haxe vorsichtig auswickeln – die Haut ist sehr empfindlich, solange sie noch feucht ist.

Ebenso aufwändig wie eindrucksvoll kommt dieses Gericht daher – Aufschnitt der besonderen Art. Bereiten Sie den gefüllten Schweinefuß am Vortag zu. Besonders gut schmeckt er geräuchert. Ihr Metzger erledigt das gerne für Sie.

Zum Servieren wird der Fuß wie eine Wurst in dünne Scheiben aufgeschnitten.

Buntes Suppengrün bringt Farbe und Geschmack in die gefüllte Haxe.

Wildschweinterrine

Mindestens 1 Tag im voraus zubereiten.

Benötigte Extras:
Fleischwolf (feine Scheibe),
Pastetenform

300 g Wildschweinkeule
200 g Geflügelleber
150 g grüner Speck am Stück
½ Apfel
1 El Butter
2 cl Cognac
2 El Rotwein
½ Tl Thymian, getrocknet
1 Msp. Rosmarin, gemahlen
½ Tl Salz
Pfeffer, frisch gemahlen
1 Msp. Piment
1 Ei
1 Knoblauchzehe
50 g Zwiebel
Einlage:
10 kleine Pfifferlinge
100 g gekochter Schinken am Stück
50 g Pistazienkerne
etwa 6 Scheiben grüner Speck (je nach Größe) zum Auslegen der Form

VARIATION

Füllen Sie die Farce in eine mit Pastetenteig ausgekleidete Form. Als Abschluss den Teigdeckel darauf legen und mit Teigresten verzieren.

1. Vom Wildschweinfleisch einen dünnen, möglichst langen, 100 Gramm schweren Streifen abschneiden.

2. 200 Gramm Wildschwein mit den Geflügellebern und dem grünen Speck zweimal durch den Fleischwolf drehen. Die Masse in den Kühlschrank stellen.

3. Den halben Apfel schälen, klein würfeln und in etwas Butter weich dünsten. Vom Herd nehmen und Cognac, Rotwein, Thymian und Rosmarin einrühren. Den Apfel dabei musig zerdrücken.

4. Die Fleischmasse mit dem abgekühlten Apfelmus, Salz, Pfeffer, Piment und einem leicht geschlagenen Ei vermischen.

5. In der Pfanne den Fleischstreifen vom Wildschwein in etwas Fett oder Öl rundherum scharf anbraten und herausheben.

6. Die geputzten Pfifferlinge in etwas Butter dünsten und ebenfalls aus der Pfanne heben.

7. Den gekochten Schinken klein würfeln, etwa ½ Zentimeter Kantenlänge.

8. Mit einem nassen Teelöffel etwas von der Fleischmasse abstechen und kurz auf beiden Seiten braten. Der „Probekloß" dient zur Kontrolle der Würzung, eventuell noch etwas nachsalzen oder andere Gewürze zugeben.

9. Den Fleischstreifen in fingerdicke Scheiben schneiden und mit den Pfifferlingen, dem Schinken und den Pistazien unter die Fleischmasse heben.

10. Eine Terrinenform von 1 Liter Inhalt mit den Speckscheiben auslegen, die Fleischmasse einfüllen, glatt streichen und mit dem Speck bedecken. In die Mitte der Speckdecke ein Loch stechen, damit der Dampf abziehen kann. Die Terrine mit ihrem Deckel verschließen und mehrfach auf einem gefalteten Küchentuch aufstoßen, damit sich Luftlöcher in der Masse schließen.

11. Den Backofen auf 140 °C vorheizen und in die Fettpfanne oder in eine Form, die deutlich größer ist als die Terrine, heißes Wasser gießen. Die Wildschweinterrine in das vorbereitete Wasserbad setzen und 1 Stunde pochieren. Zur Garprobe mit einem Spieß in die Terrine stechen. Wenn der austretende Saft noch rosa ist, die Terrine weitere 10 Minuten garen. Dann die Form aus dem Wasserbad heben, auskühlen lassen und über Nacht in den Kühlschrank stellen.

12. Vor dem Anschneiden sollte die Terrine mindestens 1 Tag, besser 2 Tage im Kühlschrank ruhen.

TIPP

Zum Servieren die Terrine in fingerdicke Scheiben schneiden, mit etwas Salat garnieren und dazu Preiselbeerkompott oder Sauce Cumberland reichen.

Terrine von Gänseklein

Benötigte Extras:
Fleischwolf (feine Scheibe),
Pastetenform

Gänseklein von 2 Gänsen
2 Gänselebern (von unge-
stopften Gänsen)
800 g Schweinelende
mit Knochen
1 Möhre
1 kleine Zwiebel
1 Stück Sellerieknolle
1,5 l Knochenbrühe
10 weiße Pfefferkörner
1 Tl Majoran, gerebelt
1 Tl Basilikum, gerebelt
1 Knoblauchzehe
½ Tl grüner Peffer, getrocknet
1 Tl milder Paprika
1 Tl Thymian, gerebelt
½ Tl Majoran, gerebelt
1 Lorbeerblatt
5 Pimentkörner
2–3 Tl Salz
50 g Weißbrot mit Rinde
100 g Schlagsahne
1 Ei
2 El Öl
4 Schalotten
4 El roter Portwein
1 El eingemachte Preisel-
beeren
40 g Pistazien
300 g Speck in dünnen
Scheiben

Die Zubereitung dieser Terrine ist zwar etwas zeit-aufwändig, der Erfolg bei Ihren Gästen ist Ihnen jedoch sicher.

1. Das Fleisch der Gänse-mägen aus der festen Haut schneiden. Von den Herzen die Adern und von den Lebern die Blutgefäße entfernen.

2. Den Schweinesattel entbeinen und das Fleisch sorgfältig parieren. Die Knochen zerhacken. Mit den zerkleinerten Hälsen und Köpfen der Gänse und den Abfällen der Innereien in der Fettpfanne 10 Minuten anrösten.

3. Das Röstgemüse putzen und grob würfeln, zugeben und nach weiteren 20 Minuten alles in einen großen Topf geben.

4. Mit der Knochenbrühe aufgießen und aufkochen. Den Fond abschäumen und die Pfefferkörner, den Majoran und das Basilikum zugeben. Bei schwacher Hitze 30 Minuten leicht köcheln.

5. Den Fond abseihen, wenn nötig auch entfetten.

6. Herzen, Mägen und das Schweinefleisch in Streifen schneiden. Die restlichen Gewürze zerstoßen, mit dem Salz mischen und das Fleisch damit bestreuen. Gut kühlen.

7. Das Weißbrot in dünne Scheiben schneiden, in ein entsprechend großes Gefäß

legen und mit der Sahne und dem verquirltem Ei übergießen.

8. Das Öl in einer Pfanne erhitzen und die Lebern kurz von allen Seiten anbraten, gleich wieder heraus nehmen und kühlen.

9. Die Schalotten abziehen, würfeln, in dem Bratensaft hell anschwitzen und mit dem Portwein ablöschen. Nach 2 bis 3 Minuten den Fond und die Preiselbeeren zugeben. Bei ganz sanfter Hitze zu einem sirupartigem Fond einkochen, durchseihen und abkühlen lassen.

10. Das gewürzte Fleisch mit dem eingeweichten Weißbrot samt der Sahne und dem Ei zweimal durch die feine Scheibe des Fleischwolfs drehen. Den Fond kräftig unter die Farce rühren, damit er gleichmäßig verteilt ist. Die Lebern in kleine Würfel schneiden und mit den grob zerkleinerten Pistazien unter die Farce mischen.

11. Die Terrine mit den Speckscheiben auslegen, die Farce in größeren Portionen nacheinander einfüllen und darauf achten, dass keine Hohlräume entstehen.

12. Die gefüllte Form mehrmals auf ein gefaltetes Küchentuch aufstoßen. Mit Speck abdecken und mit Kräuterzweigen belegen.

13. Den Backofen auf 150 °C vorheizen und das Wasserbad auf 80 °C erhitzen. Die Terrine hineinsetzen und mit gut geschlossenem Deckel etwa 70 Minuten pochieren. Herausnehmen, abkühlen lassen und mindestens eine Nacht durchziehen lassen.

TIPP

Reichen Sie zur Gänsekleinpastete einen leichten Weißwein.

Pökelfleisch

Eine ganze Reihe herzhafter Gerichte verdanken wir einer alten Erfindung, dem Pökeln. Es funktioniert ganz einfach. Probieren Sie's aus!

Wie pökelt man?

Das Pökeln dient der Haltbarmachung: Gepökeltes Fleisch, das kühl aufbewahrt wird, hält sich in etwa so lang wie tiefgekühltes Fleisch. Heute pökelt man jedoch noch aus einem ganz anderen Grund: Gepökeltes Fleisch hat einfach einen unverwechselbaren, herzhaften Geschmack.

Das Verfahren des Einsalzens oder Pökelns ist in unserer hochtechnologisierten Zeit stark modernisiert worden. Das Einspritzen von Lake direkt in das Fleisch bringt die Pökelung auf Tempo. Wir dagegen besinnen uns auf die Ursprünge dieser sehr alten Methode und wenden die Trockenpökelung an. Dabei wird das Fleisch mit Pökelsalz eingerieben. Es muss dabei so viel Salz verwendet werden, dass es sich nicht gleich zu Beginn vollständig auflöst. Erst im Lauf der Zeit löst sich das Salz in der aus dem Fleisch austretenden Flüssigkeit und durch die Luftfeuchtigkeit auf und bildet eine hoch konzentrierte Lake.

TIPP

Schöpfen Sie den beim Pökeln entstehenden Schaum ab, um einer Fäulnis vorzubeugen.

Als Pökelgefäß eignet sich ein glasierter Steinguttopf. Unglasierte Steingutgefäße würden die Flüssigkeit aufnehmen und nach außen hin verdunsten. Notfalls tun es auch emaillierte Gefäße, doch dürfen sie innen nicht beschädigt sein, da ansonsten die Lake mit dem Metall reagiert. Abgedeckt wird das Gefäß mit einem Leintuch, die beste Lagertemperatur beträgt um die 6 °C. Die Fleischstücke werden täglich gewendet, damit jede Seite gleichmäßig „durchbrennt", wie das Eindringen des Pökelsalzes auch genannt wird.

Wann ist nun der Pökelvorgang abgeschlossen? In erster Linie hängt das natürlich von der Größe des Fleischstücks ab. Für ein Kammstück von rund 10 cm Dicke rechnet man 8 bis 10 Tage, dünne Rippchen dagegen sind schon in 2 bis 3 Tagen durchgepökelt. Eine ganze Schweinekeule muss 3 bis 4 Wochen im Pökelgefäß bleiben.

Stich- oder Wellfleisch

ein eher mageres Stück Bauch-
fleisch (pro Person ca. 150 g)
eventuell Pökelsalz
Wurstbrühe

1. Ganz nach Wunsch kön-
nen Sie das Bauchfleisch
erst pökeln, bevor Sie es
garen. Dazu reiben Sie es
mit dem Pökelsalz kräftig
ein und bestreuen es da-
mit. Anschließend kalt
stellen. Für den typischen
Pökelgeschmack reicht bei
diesem nicht sehr dicken
Stück schon eine Pökel-
dauer von 2 bis 3 Stunden.

Variante bei Verwendung
von ungepökeltem Fleisch.

2. Nachdem schon eine
größere Menge Fleisch ge-
kocht wurde und auch die
Reste von der Leber- und
Rotwurstherstellung der
Brühe zugesetzt wurden,
gart man das Bauchstück,
bis es weich ist. Gepökeltes
Fleisch vorher unter klarem
Wasser abspülen, sonst ist
es zu salzig.

Schweinefleisch im eigenen Saft

Benötigte Geräte:
Fleischwolf (feine Scheibe) oder
Küchenmaschine/Standmixer
mit Messereinsatz

1 kg durchwachsenes, also
überwiegend mageres Fleisch
mit Fettanteilen
50 g Schwarten
20 g Salz
1 Msp. schwarzer Pfeffer

1. Das Fleisch in Würfel von
ca. 4 cm Kantenlänge
schneiden und mit dem
Salz vermengen.

2. Die Schwarten garen und
mit der Küchenmaschine,
dem Standmixer oder dem
Fleischwolf zerkleinern.

3. Die Würfel mit der Schwartenmasse mischen und al-
les in Gläser füllen. Bei
100 °C das Fleisch dann ca.
3 Stunden einkochen.

TIPP

Frisches, warmes
Stichfleisch schmeckt
herrlich mit Pfeffer
und Meerrettich zu fri-
schem Brot. Hinterher
hilft ein Kräuterlikör
oder ein kühler Klarer
die kalorienreiche
Speise zu verdauen.
Das übrige Fleisch hält
sich einige Tage im
Kühlschrank und
schmeckt kalt oder
warm.

Schmalzfleisch

Benötigte Geräte:
Fleischwolf (feine Scheibe) oder
Küchenmaschine/Standmixer
mit Messereinsatz

1 kg überwiegend durch-
wachsenes Fleisch
50 g Schwarten
20 g Pökelsalz
1 Msp. schwarzer Pfeffer

EXPERTENTIPP

„Beim Garen setze ich
dem Wasser Pfeffer-,
Piment- und Wachol-
derkörner sowie Lor-
beerlaub, Suppengrün
und eine Zwiebel zu."

1. Das Fleisch in Würfel von
   ca. 4 cm Kantenlänge
   schneiden und mit dem
   Pökelsalz mischen. Ca.
   1 Stunde durchziehen
   lassen.

2. Die Schwarten garen und
   mit der Küchenmaschine
   oder dem Fleischwolf zerkleinern.

3. Die Fleischwürfel unter die
   Schwartenmasse ziehen,
   alles in Gläser einfüllen
   und bei 100 °C etwa
   3 Stunden einkochen.
   Währenddessen setzt sich
   der Pökelvorgang fort,
   noch beschleunigt durch
   die hohe Temperatur.

   Diese Zubereitung ähnelt
   dem Schweinefleisch im ei-
   genen Saft. Beim typischen
   Schmalzfleisch ist jedoch
   der Anteil an durchwachse-
   nem, also fetterem Fleisch
   höher. Auch wird Pökelsalz
   verwendet.

Kraftfleisch vom Schwein

Benötigte Geräte:
Fleischwolf (feine Scheibe) oder
Küchenmaschine/Standmixer
mit Messereinsatz

1 kg mageres Fleisch
50 g Schwarten
20 g Pökelsalz
1 Msp. schwarzer Pfeffer
¼ l Brühe aus Kopffleisch (mehr
Brühe ergibt auch mehr Aspik)
eventuell Gelatine

1. Das Fleisch in Würfel mit
   4 cm Kantenlänge schneiden und mit dem Pökelsalz
   mischen. 1 Stunde durchziehen lassen.

2. Die Schwarten garen und
   mit der Küchenmaschine
   oder dem Fleischwolf zerkleinern.

3. Die gelierende Brühe hinzugeben. Genaueres übers
   Gelieren bitte bei den Rezepten für Sülze nachlesen.

4. Anschließend alles in Gläser füllen und bei 100 °C
   ungefähr 3 Stunden einkochen.

   Wieder eine Abwandlung
   des Schweinefleischs im ei-
   genen Saft – diesmal mit
   magerem Fleisch und gelie-
   render Brühe.

Pökelnacken

Benötigte Extras:
glasierter Steinguttopf

Fleisch nach Bedarf, am besten
leicht von Fettstreifen durch-
setzte Nackenstücke. Auch alle
anderen überwiegend mageren
Teile lassen sich verwenden
Pökelsalz

1. Falls das Fleischstück Knochen hat, diese zuerst auslösen. Das Fleisch kräftig
mit Pökelsalz einreiben
und anschließend noch
damit bestreuen.

2. Das Fleisch in ein Steingut-
gefäß legen, mit einem
Leintuch abdecken und
kühl (unter 10 °C) stellen.

Lorbeerblätter (frisch oder ge-
trocknet) passen ausgezeichnet
zu Gerichten mit Pökelfleisch.

3. Während der Pökelzeit, die
Fleischstücke täglich wenden, um ein gleichmäßiges
Durchbrennen, also Ein-
dringen von Pökelsalz, zu
erzielen.

4. Nach 2 Tagen bis 3 Wo-
chen – abhängig von der
Größe des Stücks – ist das
Pökelfleisch fertig und
kann weiterverarbeitet
werden.

5. Vor dem Garen das Fleisch
2 Stunden wässern, um al-
les überschüssige Salz aus-
zuwaschen.

6. Nun das Fleisch leicht
durchkneten oder von al-
len Seiten leicht schlagen,
bis Saft austritt. Das macht
das Fleisch schön zart und
saftig.

7. Anschließend das Fleisch
kalt aufsetzen und bei
ca. 70 bis 75 °C für 2 bis
3 Stunden garen. Das
Fleisch sollte gut mit Wasser bedeckt sein. Um zu tes-
ten, ob der Pökelnacken
schon gar ist, am besten
ein kleines Stück herunter-
schneiden.

Dies ist ein typisches, tradi-
tionelles Pökelgericht, das
sich in Nord- und Mittel-
deutschland großer Beliebt-
heit erfreut.

TIPP

Probieren Sie Pökel-
nacken warm mit et-
was geklärter Brühe
(s. Kasten S. 83), die
Sie auch mit Stärke-
mehl andicken kön-
nen. Geben Sie Senf
oder Meerrettich dazu
und kräftiges Bauern-
brot. Lecker schmeckt
er auch mit einer aus
der Brühe bereiteten
Meerrettichsauce (s.
Rezept) zu Petersilien-
kartoffeln. Kalt als
Aufschnitt ist Pökel-
nacken ebenfalls
ein Genuss.

PÖKELN FRÜHER UND HEUTE

In früheren Zeiten waren die Menschen auf die Haltbarmachung durch Salz beziehungsweise eine Mischung aus Salz und Salpeter angewiesen. Gepökelt wurde nicht nur Fleisch, auch Gemüse, Fisch und Butter konnten gesalzen längere Zeit aufbewahrt werden. Man legte die mit Salz bedeckten Lebensmittel schichtweise in glasierte Steingutgefäße oder Holzfässer. Nach einiger Zeit bildete sich Pökelflüssigkeit. Statt trockenem Salz konnte man aber auch gleich eine Flüssigkeit über die Nahrungsmittel gießen, die aus in Wasser gelöstem Salz oder Pökelsalz bestand. Dann wurden die Nahrungsmittel zusätzlich beschwert.

Das Salz zieht Flüssigkeit aus den Speisen. Freilich gehen damit auch wertvolle Inhaltsstoffe wie Vitamine und Mineralien verloren. Mangelernährung in den Wintermonaten und auf langen Schiffsreisen waren die Folgen dieser Konservierungsmethode. Heute brauchen wir auf frische Lebensmittel nicht zu verzichten und können uns daher dem Pökelfleisch aus reiner Freude am leckeren Essen zuwenden.

Meerrettichsauce

Meerrettich wirkt verdauungsfördernd und ist ein exzellenter Begleiter aller schweren und fetten Speisen.

½ Brötchen
Butter zum Rösten
30 g Butter
30 g Mehl
½ l Brühe
eventuell Salz
weißer Pfeffer

1 Glas Meerrettich – selbst geriebener wäre am besten, ist allerdings meist schärfer, vor allem, wenn er zwischen September und April geerntet wurde.

1. Das halbe Brötchen würfeln und in etwas Butter leicht anrösten.

2. Die Butter in einem Topf erhitzen, das Mehl unterrühren, aufwallen lassen. Nach und nach die Brühe unterrühren, mit Pfeffer und eventuell mit etwas Salz abschmecken.

3. Den Meerrettich unterrühren, anschließend die Brötchenwürfel.

DEN PROFIS ABGESCHAUT: BRÜHE KLÄREN

Für einige der folgenden Rezepte verwenden Sie die Brühe. Sie sollte dann unbedingt geklärt sein. Dazu muss das aus dem Fleisch austretende Eiweiß mehrmals mit dem Schaumlöffel abgeschöpft werden. Zusätzlich kann die Brühe mittels Eiweiß geklärt werden. Dazu rühren Sie etwas Eiweiß unter die kalte oder lauwarme Brühe, lassen diese kurz aufkochen und seihen sie anschließend durch ein feinmaschiges Sieb.

Pökelnacken
mit Grünkohl

pro Person 150 – 200 g roher
Pökelnacken
pro Person 200 – 250 g grob
gehackter Grünkohl
50 g Schmalz
1 mittelgroße Zwiebel
Zucker
Pfeffer

1. Grünkohl in reichlich kochendem, gesalzenem Wasser aufkochen lassen, dann abseihen.

2. Das Fleisch zusammen mit dem Grünkohl, dem Schmalz und der gewürfelten Zwiebel in etwas Gemüsewasser bei 70 bis 75 °C garen, anschließend mit etwas Zucker und Pfeffer abschmecken.

TIPP

Pökelnacken ist ebenso beliebt wie vielseitig. Aus dem gepökelten und gegarten Fleisch kann man zahlreiche köstliche Speisen bereiten, zum Beispiel einen kräftigen Braten, Sauerfleisch und Sülzkotelett. Auch die Zubereitung mit Grünkohl hat Tradition. Dazu reicht man Salzkartoffeln.

Braten aus Pökelnacken

Es lohnt sich wirklich, größere Mengen Pökelnacken herzustellen, denn die Zahl der Verwendungsmöglichkeiten ist recht groß. Auch Sauerfleisch und Sülzkotelett gehören dazu.

pro Person 150 bis 200 g roher Pökelnacken

scharfer oder mittelscharfer Senf zum Bestreichen

1 Zwiebel

1 Tomate

1 Möhre

¼ Sellerieknolle

Pfeffer

3 Wacholderbeeren

Zucker

Edelsüßpaprika

Saucenbinder

1. Das Fleisch rundherum mit Senf bestreichen und von allen Seiten anbraten.

2. Anschließend mit dem grob geschnittenen Gemüse in 70 bis 75 °C heißes Wasser geben. Der Bratentopf sollte ca. 1 cm hoch mit Gemüse und Wasser gefüllt sein. Alles 2 Stunden garen.

3. Zum Schluss die Sauce nach Belieben mit Zucker und den Gewürzen abschmecken und bis zur gewünschten Dicke mit Saucenbinder binden.

Sauerfleisch aus Pökelfleisch

1 kg gekochter Pökelnacken
80 g Gelatine
70 g Zucker
0,6 l gewürzte, geklärte Brühe vom Pökelnacken
5 cl Weißwein

1. Brühe, Weißwein, Gelatine und Zucker kurz aufkochen und die Flüssigkeit anschließend durch ein feines Sieb seihen.

2. Das Pökelfleisch, in Würfel von 4 cm Seitenlänge oder in 2 cm dicke Scheiben geschnitten, in einer Schüssel anordnen und mit dem kalten, aber noch flüssigen Aspik übergießen.

3. Im Kühlschrank gelieren lassen.

EXPERTENTIPP

„Angerichtet wird das Sauerfleisch, wie in Norddeutschland üblich, mit Bratkartof-feln, Gewürz- oder Senfgurken und einem herben Bier."

Sülzkotelett aus Pökelfleisch

Sülzkotelett könnte man als eine besonders dekorative Variante von Sauerfleisch bezeichnen. Zutaten und Zubereitung ähneln sich weitgehend.

1 kg gekochter Pökelnacken
80 g Gelatine
70 g Zucker
0,6 l gewürzte, geklärte Brühe vom Pökelnacken
5 cl Weißwein
2 hart gekochte Eier
2 Gewürzgurken
2 gekochte Möhren
(Die Menge an Eiern, Gewürzgurken und Möhren kann nach Belieben erhöht oder reduziert werden.)

1. Die Brühe mit Weißwein, Gelatine und Zucker kurz aufkochen lassen und danach durch ein feines Sieb seihen. Abkühlen lassen.

2. Nun das Pökelfleisch in 1 cm dicke Scheiben schneiden.

3. Vom kalten, aber noch flüssigen Aspik eine dünne Schicht in eine Form gießen und im Kühlschrank fest werden lassen.

4. Auf die Aspikschicht Scheiben von Ei, Gewürzgurken und Möhren legen und das Ganze erneut mit einer Aspikschicht übergießen, diese wiederum erstarren lassen.

5. Darauf das in Scheiben geschnittene Pökelfleisch schichten. Will man mehrere Lagen Fleisch in die Form füllen, gibt man wiederum eine Schicht Aspik dazwischen. Zum Schluss die Form mit dem restlichen Aspik ausfüllen. Alles im Kühlschrank über mehrere Stunden fest werden lassen.

6. Das Sülzkotelett auf eine Platte stürzen.

Pökelbauch

Benötige Extras:
glasierter Steinguttopf,
Wurstband

1 sehr magere Scheibe Bauch ohne Schwarte, ca. 20 cm lang und höchstens 2 cm dick
¼ Tl Pökelsalz
1 Prise schwarzer Pfeffer
¼ Tl Edelsüßpaprika
1 Lorbeerblatt
3 Wacholderbeeren
3 Pfefferkörner
3 Pimentkörner
1 mittelgroße Zwiebel
1 Bund Suppengrün

1. Die Scheibe auf einer Seite mit Pökelsalz, Pfeffer und Edelsüßpaprika würzen.

2. Dann die Scheibe mit der gewürzten Seite nach innen möglichst eng zusam-

TIPP

Zum Sülzkotelett schmecken am besten Bratkartoffeln und frische Salate.

menrollen, mehrmals mit Wurstband umwickeln, anschließend zuknoten.

3. Von außen die Rolle nochmals mit Pökelsalz einreiben und zu dem eventuell schon bereiteten Pökelnacken oder den Pökelrippchen in einen glasierten Steinguttopf bei unter 10 °C zum Durchbrennen legen. Den Topf mit einem Leintuch abdecken. Während der Pökeldauer (mindestens 4 Tage) alle 1 bis 2 Tage umdrehen.

4. Nach dem Durchbrennen die Rolle wie den Pökelnacken wässern oder abspülen, dann mit Lorbeerblatt, Wacholder-, Pfeffer- und Pimentkörnern sowie den geviertelten Zwiebeln und dem Suppengrün bei 70 bis 75 °C garen. Das Fleisch sollte leicht mit Wasser bedeckt sein.

5. Nach ca. 2 Stunden ist der Pökelbauch fertig.

EXPERTENTIPP

„Beim Garen des Pökelbauchs bereite ich gleich die Pökelrippchen mit. Da diese meist sehr salzig sind, wässere ich sie vorher jedoch ungefähr zwei Stunden lang. Die Rippchen ergeben mit der Brühe die Grundlage für eine deftige Linsensuppe."

TIPP

Zum Pökelbauch passen Klöße und grüner Salat.

Pökelrippchen

Benötigte Extras:
glasierter Steinguttopf

Rippchen und andere Fleisch-
knochen,

beispielsweise vom Kotelett aus-
lösen (Menge nach Vorhanden-
sein beziehungsweise Bedarf,
man rechnet 300 g pro Person).
Achten Sie darauf, dass noch
viel Fleisch an den Knochen
sitzt und dass das Fleisch nicht
zu mager ist.

Pökelsalz

1 Lorbeerblatt

3 Wacholderkörner

3 Pfefferkörner

3 Pimentkörner

1 mittelgroße Zwiebel

1 Bund Suppengrün

(Diese Menge an Gewürzen ist
auch ausreichend, wenn Sie
Pökelbauch und Pökelrippchen
zusammen garen.)

1. Das Fleisch kräftig mit Pökelsalz einreiben, in einen glasierten Steinguttopf einlegen und reichlich Pökelsalz darüber streuen. Den Topf mit einem Leintuch abdecken und kühl stellen.

2. Während der Pökeldauer von 2 bis 4 Tagen alle 1 bis 2 Tage wenden.

3. Vor dem Garen die Rippchen ungefähr 2 Stunden lang wässern.

Der Rippchenbraten wird aus den oben beschriebenen Pökelrippchen zubereitet. Sie werden jedoch geschmort statt gegart.

EXPERTENTIPP

„Ich verwende die Hälfte der Rippchen des halben Schweins für Pökelrippchen; aus der anderen Hälfte mache ich Spareribs."

4. Zu den Rippchen das Lorbeerblatt, die übrigen Gewürze, die Zwiebeln und die Möhren geben, so viel Wasser zufügen, das alles bedeckt ist und bei 70 bis 75 °C ca. 2 Stunden köcheln.

Rippchenbraten

pro Person 300 g rohe Pökel-
rippchen

1 Zwiebel

1 Bund Suppengrün

1 Tomate

Senf zum Bestreichen

1 Prise Pfeffer

Margarine oder Schmalz zum
Anbraten

1. Die Pökelrippchen rund 2 Stunden lang wässern.

2. Die Rippchen anschließend mit Salz und Pfeffer würzen und im heißen Fett kräftig anbraten. Danach aus der Pfanne nehmen.

3. Das Gemüse im Fett leicht anbräunen, die Rippchen wieder zugeben und mit Wasser bis zum Stand von ca. 2 cm auffüllen.

4. Bei 75 °C ca. 1 Stunde schmoren, bis das Fleisch weich ist.

5. Mit Saucenbinder die Sauce leicht andicken.

Pökeleisbein

Benötigte Extras:
glasierter Steinguttopf

Auch dieses Gericht bietet mit seinen verschiedenen Zubereitungsarten viel Abwechslung. Hier wird zunächst das Pökeln beschrieben. Anschließend können Sie sich die leckerste Zubereitung heraussuchen. Wenn Sie ein halbes Schwein und damit zwei Eisbeine haben – umso besser!

1 oder 2 Stück Eisbein/
Schweinshaxe mit Knochen
Pökelsalz

1. Das Fleisch von allen Seiten kräftig mit Pökelsalz einreiben. Dann in den Steinguttopf legen, noch etwas Pökelsalz darüber streuen und alles mit einem Tuch abdecken.

2. Das Fleisch nun an einem kühlen Ort (unter 10 °C) mindestens 1 Woche durchbrennen lassen. Während dieser Zeit alle 1 bis 2 Tage wenden und den entstandenen Schaum abschöpfen.

3. Vor der Weiterverarbeitung das Fleisch 2 Stunden lang wässern, um überschüssiges Salz herauszulösen.

Geschmortes Pökeleisbein

1 gepökeltes, rohes Eisbein
1 bis 2 Möhren
2 Tl mittelscharfer Senf
1 Msp. schwarzer Pfeffer
1 Fl. Bier, am besten Schwarzbier, eine Thüringer Spezialität

1. Das gewässerte Pökeleisbein rundherum mit Senf bestreichen und anschließend mit Pfeffer würzen.

2. Die Schwarte an mehreren Stellen kreuzweise einschneiden, damit das Fett leichter austreten kann.

3. Das Fleisch mit dem Gemüse und 1 Tasse Wasser in einen Bräter oder eine Bratpfanne geben und alles im geschlossenen Topf bei 75 °C 2 Stunden lang schmoren lassen. Die verdunstete Flüssigkeit immer wieder mit Bier nachfüllen. Ist das Fleisch von einer Seite braun, wird es gewendet und weiter Flüssigkeit nachgegossen. Alle 10 bis 15 Minuten das Fleisch mit dem Bratensaft übergießen.

4. Wenn das Fleisch gar ist, kann es ohne Deckel ganz nach Wunsch gebräunt werden.

5. Falls alle Flüssigkeit verdampft ist, den Fond mit 1 Tasse Wasser ablöschen, dann durch ein feines Sieb schütten und ihn mit etwas in Wasser gelöstem Stärkemehl andicken. Die Sauce mit Pfeffer abschmecken.

Eisbein in Aspik

1 rohes gepökeltes Eisbein
1 Bund Suppengrün
3 Wacholderbeeren
1 Lorbeerblatt
1 Tl Essig
etwas Salz

1. Das Fleisch mit den Gewürzen und Gemüsen bei 70 bis 75 °C garen. Das Fleisch muss nicht vollständig mit Wasser bedeckt sein. Möchten Sie das Eisbein sofort genießen, garen Sie es vollständig, also 2 ½ Stunden. Soll das Fleisch dagegen eingekocht werden, lassen Sie es nur eine Stunde garen.

2. Das Eisbein aus der Brühe nehmen und das Fleisch von den Knochen lösen.

3. Die noch warme Brühe durch ein feines Sieb seihen, bevor sie zu erstarren beginnt, und mit einem Spritzer Essig sowie eventuell etwas Salz abschmecken.

4. Das Fleisch in eine Schüssel oder eine zum Stürzen geeignete Form geben beziehungsweise auf Einmachgläser verteilen und mit der Brühe übergießen.

5. Das Eisbein mehrere Stunden kühl stellen, bis die Brühe erstarrt ist beziehungsweise ungefähr 1 ½ Stunden bei 100 °C einkochen.

TIPP

Manche lieben es ganz kross. Das erreicht man am besten, wenn man das Eisbein zum Schluss aus der Sauce nimmt und es separat, zum Beispiel im Deckel von Pfanne oder Bräter, bei ca. 150 °C ungefähr 10 Minuten bräunt.

Auch dies ist eine Variante des gepökelten Eisbeins. Hierbei können Sie entweder ein Gericht für den sofortigen Verzehr zubereiten oder aber das Eisbein in Aspik einkochen. Danach richtet sich vor allem die Garzeit, die bei dem eingekochten Eisbein niedriger liegt, da die Einkochzeit noch hinzukommt.

Pökeleisbein mit Grünkohl

Dieses Gericht können Sie genau so zubereiten wie den Pökelnacken mit Grünkohl. Dabei rechnet man auf 500 g Fleisch 1,5 kg Grünkohl

Pökeleisbein mit Sauerkraut

TIPP

Servieren Sie den deutschen Klassiker mit jungen Kartoffeln und einem frisch gezapften Bier.

1 rohes Pökeleisbein
750 g Sauerkraut
1 Zwiebel
1 Tl Dillsamen
1 großer Apfel
1 Tasse Brühe
1 Tl Schmalz
1 große rohe Kartoffel
Salz nach Geschmack

1. Die gewürfelte Zwiebel in Schmalz andünsten.

2. Das Sauerkraut, der in Spalten geschnittene Apfel und das Eisbein in der Brühe etwa 1 ½ Stunden kochen. Nach 1 Stunde den Dillsamen zugeben. Bei Bedarf während der Kochzeit etwas Wasser nach- füllen.

3. Wenn das Fleisch weich ist, die Kartoffel reiben und zum Binden der Flüssigkeit unter das Sauerkraut rühren.

EINGESALZENER SPECK

Nach den vielen mit modernem Pökelsalz hergestellten Gerichten stellen wir Ihnen nun eine herrlich altmodische Konservierungs-methode vor, nämlich die mit reinem Kochsalz. Sie können die ein-gesalzenen Speckstücke im kühlen Keller aufhängen oder wie bei den anderen Pökelwaren in einen Steinguttopf schichten.
Wenn Sie ein halbes Schwein zur Verfügung haben, suchen Sie die dicksten Stücke von den Speckseiten des Bauches, des Rückens oder der Keule aus. Da Sie entscheiden, wie viel Speck Sie haben möch-ten, sind im folgenden Rezept keine Mengenangaben enthalten.

Speckseiten mit Schwarte

Benötigte Extras:
glasierter Steinguttopf,
Wurstband zum Aufhängen

Kochsalz

1. Den Speck in Stücke schneiden und falls Sie die Stücke aufhängen möch-ten, mit dem Ausbein- oder einem anderen spitzen Messer in jedes ein Loch stechen, durch das eine Schlaufe aus Wurstband gezogen wird.

2. Den Speck kräftig mit Salz einreiben. So viel Salz ver-wenden, wie haften bleibt. Angst vor dem Versalzen brauchen Sie dabei nicht zu haben, da die Speckseiten kaum Salz aufnehmen. Es zieht lediglich das Wasser aus dem Speck und sorgt so für längere Haltbarkeit.

3. Nun die Stücke entweder im kühlen (am besten nicht über 6 °C) und trockenen Keller staubfrei aufhängen oder mit jeweils einer Salzschicht dazwi-schen in einem Steingutge-fäß einlagern, mit einem Tuch abdecken und an ei-nem kühlen Ort aufbewah-ren. Dieser Speck ist meh-rere Monate haltbar. Län-ger aufgehoben, könnte er ranzig werden.

Gesalzener Speck lässt sich vielseitig verwen-den und gibt man-chem Gericht den letz-ten Schliff.

Schmalz und Rillettes

Schlankheitsideal hin oder her – Schmalz schmeckt einfach köstlich. Und selbst auf feinen Partys ist das deftige Schmalzbrot zu später Stunde durchaus salonfähig geworden. Was wäre da schicker, als seinen Gästen einmal selbst gemachtes Schmalz aufzutischen? Außerdem benötigen Sie etwas Schmalz zur Versiegelung der Rillettes.

EXPERTENTIPP

„Schmalz mit Äpfeln und Zwiebeln schmeckt herrlich auf frischem Schwarz- oder Mehrkornbrot. Und die ausgelassenen Grieben ergeben mit Pellkartoffeln eine rustikale und herzhafte Mahlzeit."

Schmalz

Benötigte Extras:
Aufbewahrungsgefäße
mit Deckel, z.B. aus Glas
oder Steingut

Speckseiten (ohne Schwarten)
und Flomen, also die Fett-
ablagerungen an der Innenseite
der Schweinehälfte;
pro kg benötigen Sie:

2 Zwiebeln
1 sauren Apfel
Gewürzmischung
nach Belieben;
mögliche Bestandteile
(nicht alles auf einmal!):
¼ Tl Majoran
¼ Tl Beifuß
¼ Tl Thymian
3 Wacholderbeeren
½ Lorbeerblatt

1. Die Speckseiten in kaltem Wasser abwaschen und würfeln (Kantenlänge ca. 1 cm).

2. Die Speckwürfel und die Flomen in eine Bratpfanne oder tiefe Backform geben und anbräunen lassen. Die gebräunten Speckwürfel werden Grieben genannt.

3. Wenn das Fett ausgelassen ist, in eine Schüssel gießen und auf etwa 70 °C abkühlen lassen.

4. Nun die klein gewürfelten Äpfel und Zwiebeln ins Schmalz zufügen. Zu heißes Schmalz würde dabei überschäumen.

5. Das Schmalz mit Äpfeln und Zwiebeln wieder auf die Herdplatte stellen.

6. Bevor die Apfel- und Zwiebelstückchen dunkelbraun werden, das Schmalz von der Herdplatte nehmen und die Gewürze zugeben.

7. Nach 20 Minuten alles durch ein Sieb seihen. Wer möchte, kann die Äpfel und Zwiebeln auch im Schmalz belassen. Dann muss das Schmalz allerdings rascher verbraucht werden, da der hohe Flüssigkeitsanteil zum schnelle-

ren Verderb führt. Für die Zubereitung von Rillettes, brauchen Sie auf alle Fälle etwas pures Schmalz zum Versiegeln.

8. Das Schmalz kühl stellen, bis es fest geworden ist. Wenn die Oberfläche sich kräuselt, ist das Schmalz fertig.

Knoblauchschmalz

600 g mild geräucherter, gekochter Frühstücksspeck
2 Knoblauchzehen
2 Bund Petersilie

1. Den Frühstücksspeck in Scheiben schneiden, in einer Pfanne ausbraten, aus der Pfanne nehmen und abkühlen lassen.

2. Die Knoblauchzehen pellen, die Petersilie waschen und von den Stilen zupfen.

3. Die Speckscheiben, den Knoblauch und die Petersilie durch die grobe Scheibe des Fleischwolfs drehen.

4. Alles mit dem noch laulwarmen Speckfett gründlich verrühren bis eine geschmeidige Masse entsteht.

5. In kleinen Schälchen oder Gläsern anrichten.

GESCHENK-TIPP

In kleinen Keramiktöpfchen ist das selbst gemachte Schmalz ein schönes Geschenk. Wenn dann noch ein Gläschen Wurst dabei ist, dürfen Sie der allgemeinen Bewunderung sicher sein.

EXPERTENTIPP

„Ich bereite die Mischung selbst und verwende dazu in wechselnder Zusammensetzung Lorbeerblatt, Thymian, Salbei, Majoran, Muskat, Piment, Nelken, Pfeffer und Wacholder. Mit Ausnahme des Muskats, den ich reibe, werden die Zutaten in einer ausgedienten Kaffeemühle zerkleinert und damit gleichzeitig gemischt."

Rillettes

Benötigte Extras:
eventuell Kräuter- oder
Kaffeemühle,
Gläser oder Steingutgefäße
zur Aufbewahrung

Wiederum einen kulinarischen Abstecher nach Frankreich können Sie mit diesem Rezept machen. Es ergibt einen köstlichen Brotaufstrich, bei dem Sie Ihre Kaloriensorgen ruhig einmal vergessen sollten.

4 kg Bauchfleisch ohne Schwarten und Knochen
100 g Salz
2 El gemischte Kräuter
100 g Flomen
1 El Edelsüßpaprika, gehäuft
Schmalz zum Versiegeln

1. Das Bauchfleisch in Würfel von ca. 6 cm Kantenlänge schneiden und mit dem Salz und der Kräutermischung (ohne Edelsüßpaprika) vermengen. 2 Stunden zum Durchziehen kühl stellen.

2. Die Flomen in einer Kasserolle (im Ofen oder auf dem Herd) bei mittlerer Hitze auslassen, bis sie braun werden, und anschließend aus dem Fett nehmen.

3. In dem ausgelassenen Fett die gewürzten Fleischwürfel bei mittlerer Hitze braten, bis sie gleichmäßig goldgelb sind und das Schmalz klar ist.

4. Das Schmalz abgießen und zur späteren Verwendung vorerst beiseite stellen.

5. Die Fleischstücke zu Würfeln von höchstens 1 cm Kantenlänge zerkleinern und mit ½ l Wasser in der Kasserolle in den auf 100 °C vorgeheizten Backofen geben.

6. Während der Garzeit Wasser nach Bedarf dazu geben. Es muss während der ersten 2 ½ Stunden immer etwas Flüssigkeit vorhanden sein. Um ein Hartwerden des Fleisches zu verhindern, alle 10 Minuten umrühren.

7. Nach ca. 4 Stunden ist das gesamte Wasser aus dem Fleisch verdunstet und das Fleisch weich. Die Masse abkühlen lassen und nun erst den Edelsüßpaprika und das Schmalz unterrühren. Den Paprika darf man keinesfalls mitbraten, da er sonst verbrennt und mit seinem bitteren Geschmack die Rillettes verdirbt.

8. Bevor die Masse erstarrt, nochmals gut durchrühren. Die Rillettes in Gläser oder Steingutgefäße füllen. Die nicht sofort verwendeten Rillettes nach dem Abkühlen zur Erhöhung der Haltbarkeit (kühl gestellt mehrere Wochen) mit einer dünnen, alles überdeckenden

Schmalzschicht versehen. Stattdessen können Sie die Rillettes auch nach der

Faustregel „10 Minuten je Zentimeter Glasdurchmesser" bei 95 °C einkochen.

Schmalzfleisch nach französischer Art: Rillettes.

Wurstfett und Wurstsuppe

Wohlschmeckende Nebenprodukte der Wurstherstellung: würziges Wurstfett und köstliche Wurstsuppe.

Ein wirklich köstliches Nebenprodukt Ihrer „Wursterei" ist die dabei entstehende Suppe mit dem unverwechselbaren Geschmack. Außerdem setzt sich würziges Wurstfett ab, das einen herzhaften Brotaufstrich ergibt. Und was das Beste ist: diese Köstlichkeiten entstehen ganz von selbst. Sie müssen nur einige Tipps beachten (s. Kasten).

SO SCHMECKT DIE WURSTSUPPE RICHTIG ZÜNFTIG

☐ *Spülen Sie mit der heißen Brühe die jeweiligen Wurstreste aus der Schüssel aus, sodass sie in die Suppe gelangen. Ein Hinzugeben zusätzlicher Wurstgewürze erübrigt sich dadurch meistens.*
☐ *Kochen Sie auch die ausgelösten Knochen mit.*

Nachdem alles Fleisch und alle Wurst gegart sind, stellen Sie den Kochkessel einen Tag lang kühl, zum Beispiel auf den Balkon. Am nächsten Tag können Sie das fest gewordene Wurstfett abnehmen und folgendermaßen haltbar machen:

1. Das Fett in einer Bratpfanne bei niedriger Hitze vorsichtig so lange erhitzen,

bis alle Wasserbestandteile verdampft sind. Beim Umrühren darf dann kein Dampf mehr aufsteigen.

2. Nun in Keramikgefäße oder zum Einkochen in Gläser füllen. Das Einkochen geschieht wieder nach der Faustregel „10 Minuten je Zentimeter Glasdurchmesser" bei ca. 90 °C.

Wenn Sie nicht die gesamte Wurstsuppe gleich verbrauchen, lässt sie sich auch einkochen. 1,5- und 2-l-Gläser eignen sich dafür am besten. Die Suppe wird bei ca. 90 °C 40 Minuten lang eingekocht. Ihre Haltbarkeit ist aber begrenzt; nach 2 Monaten sollte sie aufgebraucht sein.

Selbst gemachte Nudeln nach Großmutterart

500 g Mehl
3 Eier
1 kräftige Prise Salz

1. Die Eier mit dem Salz verquirlen

2. Mehl auf ein Brett häufen, eine Mulde hineindrücken und dahinein die Eimasse geben.

3. Die Eier erst mit etwas Mehl verrühren. Anschließend das restliche Mehl unterkneten. Dabei muss ein fester, nicht klebriger Teig entstehen. Sollte der Teig krümeln, einfach einige Tropfen Wasser dazu geben – ist er zu klebrig, noch etwas Mehl unterkneten.

Den Teig 15 Minuten lang mit der Hand gut durchkneten.

4. Nun den Teig in 3 Stücke teilen und mit dem Nudelholz auf dem leicht mit Mehl bestäubten Brett ca. 2 mm dünn ausrollen.

5. Die ausgerollten Teigplatten auf Leinentücher heben und dort ca. 3 Stunden lang trocknen.

6. Anschließend die Teigplatten zusammenrollen und in Streifen beliebiger Breite schneiden.

7. Nun werden die Nudeln entweder gleich weiterverarbeitet oder zur Aufbewahrung vollständig getrocknet und in ein luftdichtes Gefäß gegeben. Sie können dann mehrere Monate aufgehoben werden.

EXPERTENTIPP

„Die vom Wurstfett befreite Suppe ergibt eine hervorragende Grundlage für Nudelsuppe. Besonders lecker schmeckt sie mit selbst gemachten Nudeln (s. Rezept). Auch Spätzle passen ausgezeichnet dazu."

Thüringer Kesselsuppe

1,5 l entfettete Wurstsuppe
50 g Leberwurst
100 g Rotwurst
3 mittelgroße Zwiebeln
2 Möhren
½ Knoblauchzehe
1 Stange Lauch
1 große Kartoffel
½ Sellerieknolle
½ Kohlrabi
1 Petersilienwurzel
2 Brötchen
2 El frische gewiegte Petersilie
Fett zum Braten
Butter zum Braten

1. Das Gemüse in Scheiben oder Streifen schneiden und in etwas Fett anbraten.

2. Das Gemüse in der Wurstsuppe garen

3. Kurz vor Ende der Garzeit die in Scheiben geschnittene Leber- und Blutwurst zugeben und mitkochen.

4. Die Brötchen würfeln, in etwas Butter anbraten und zusammen mit der Petersilie vor dem Auftragen an die Suppe geben.

Dass im Land der herrlichen Würste die Kesselsuppe besonders gut schmeckt, braucht man wohl nicht eigens zu betonen. Doch außer guter Wurst gehört noch ein bisschen mehr dazu. Ein kleines Geheimnis? Hier ein original thüringisches Rezept.

Rezepte mit Wurst

Thüringer Rotwurst mit Linsen

350 g Linsen
2 Bund Suppengrün
5 mittelgroße Kartoffeln
Salz
Pfeffer
1 Prise Zucker
eventuell zusätzlich Wasser oder Brühe
100 g Speck
2 Zwiebeln
350 g Rotwurst

VARIATION

Selbstverständlich können Sie für diese Suppe auch Blutwurst Ihrer Region verwenden.

1. Linsen waschen und in so viel Wasser, dass sie reichlich bedeckt sind, über Nacht einweichen und aufquellen lassen.

2. Das Suppengrün und die Kartoffeln putzen und klein schneiden.

3. Die Linsen mit dem Suppengrün zusammen ca.

1 Stunde im Einweichwasser garen. In den letzten 20 Minuten die Kartoffeln hinzugeben. Bei Bedarf etwas Wasser oder Brühe nachfüllen. Zum Schluss mit Salz und Pfeffer abschmecken.

4. Während der Kochzeit den Speck würfeln und knusprig braun braten. Anschließend die gewürfelten Zwiebeln hinzugeben, die ebenfalls knusprig gebraten werden.

5. Die Suppe in Teller füllen, in jeden ein Stück Rotwurst geben, dazu Speck und Zwiebeln.

EXPERTENTIPP

„Ein gut gekühltes Bier und ein würziger Kräuterlikör runden dieses herzhafte Gericht ab."

MAL WAS ANDERES!

Dieses Gericht kennt viele Varianten. Suchen Sie sich die leckerste heraus!

☐ *Schmecken Sie die Linsen mit Essig ab.*
☐ *Braten Sie die Rotwurst vor dem Servieren kurz in der Pfanne an.*
☐ *Servieren Sie die Kartoffeln einmal nicht in der Suppe, sondern als Salzkartoffel-Beilage. Verwenden Sie in diesem Fall weniger Wasser zum Quellen, damit die Linsen nicht zu „suppig" werden.*

Lose Leberwurst

½ l Milch
2 alte Brötchen
2 Eier
200 g Leberwurst
Salz
Pfeffer
4 Zwiebeln

1. Die Brötchen in der Milch einweichen und mit den Eiern und der Leberwurst vermischen.

2. Die gewürfelten Zwiebeln glasig dünsten, anschließend die Wurstmasse dazugeben und kurz anbraten.

3. Die lose Leberwurst servieren Sie stilecht mit sauren Gurken oder Senfgurken, Sauerkraut oder Salat und Salzkartoffeln.

VARIATION

Bringen Sie zur Abwechslung neben der Leberwurst noch lose Blutwurst auf den Tisch, begleitet von saftigen Apfelringen.

Schlachtplatte

(pro Person)

50 g Leberwurst

50 g Blutwurst

1 Scheibe (ca. 100 g) in Wurstsuppe erwärmtes Stichfleisch

und/oder 100 g gegarter Pökelnacken

50 g Schüsselsülze

50 g Hackepeter

30 g Wurstfett oder Schmalz

1 Rolle Harzer Käse

1 bis 2 Rollmöpse

Wenn Sie fleißig gewurstet haben, können Sie hier so richtig aus dem Vollen schöpfen. Mit einer Schlachtplatte sind Sie auch für überraschenden Besuch gewappnet.

1. Die Zutaten appetitlich anrichten.

2. Verschiedene kräftige Brotsorten sowie Senf oder Sahnemeerrettich dazu reichen. Als Beilagen passen frische oder eingelegte Gurken, Tomatenviertel, Radieschen- oder Rettichscheiben oder frische Salate. Dazu schmeckt ein kühles Bier ganz hervorragend, ein Klarer oder Kräuterlikör rundet das Mahl ab.

Blutwurstparfait

Benötigte Extras:
6 feuerfeste Portionsförmchen

300 g Blutwurst
2 Schalotten
1 Knoblauchzehe
1 El Butter
⅛ l Kalbsfond (Glas)
125 g Schlagsahne
4 Eier
Salz
frisch gemahlener schwarzer Pfeffer
Butter für die Förmchen
Für die Apfelsauce:
750 g Äpfel (Cox Orange oder Boskop)
1 Tl Zitronensaft
3 El Weißwein

1. Die Äpfel waschen, schälen, vierteln und das Kernhaus ausschneiden. Je nach Größe die Viertel in kleinere Spalten teilen. Die Äpfel mit Zitronensaft, Wein und 3 Esslöffel Wasser im geschlossenen Topf bei mittlerer Hitze 10 Minuten garen.

2. Das Kompott auskühlen lassen und so zerstampfen, dass noch Stückchen in der Apfelsauce bleiben.

3. Die Blutwurstmasse aus dem Glas nehmen. Schalotten und Knoblauch abziehen und fein hacken. Die Butter in einem Topf aufschäumen lassen und Blutwurst, Schalotten und Knoblauch darin andünsten. Den Kalbsfond angießen und die Masse 10 Minuten garen.

4. Die Blutwurstmasse pürieren und mit Sahne und Eiern verrühren. Mit Salz und Pfeffer kräftig abschmecken.

5. Die Förmchen mit Butter ausstreichen und mit der Masse bis 1 cm unter den Formrand füllen.

6. Den Backofen auf 175 °C vorheizen und ein heißes Wasserbad für die Förmchen vorbereiten. Die Förmchen ins Wasserbad setzen und mit einem Blatt Alufolie abdecken. Das Blutwurstparfait 50 Minuten garen.

7. Zum Servieren die Förmchen aus dem Wasserbad nehmen und die Parfaits sich kurz setzen lassen. Dann auf Teller stürzen und mit der Apfelsauce anrichten.

TIPP

Dazu schmecken am besten kleine Puffer aus rohen Kartoffeln.

Thüringer Rotwurstsalat

500 g Rotwurst
4 mittelgroße Zwiebeln
4 kleine Gewürzgurken
2 El mittelscharfer Senf
1 El geriebener Meerrettich
4 El Kräuteressig
2 El Salatöl
2 El Wasser
1 Bund Schnittlauch, in feine Röllchen geschnitten
1 Prise Salz
1 Prise schwarzer Pfeffer
1 Prise Zucker

TIPP

Dunkles Brot schmeckt zu diesem pikanten Salat ebenso gut wie Bratkartoffeln.

1. Die Rotwurst in Würfel mit ca. 1 cm Kantenlänge, die Zwiebeln in dünne Ringe und die Gurken in dünne Scheiben schneiden. Alles miteinander mischen.

2. Aus den restlichen Zutaten eine Marinade zubereiten – nach Geschmack würzen und abschmecken.

3. Die Marinade über den Salat geben und alles mindestens 1 Stunde ziehen lassen. Dabei kühl stellen.

Was Sie sonst noch wissen müssen

Wenn auch die Hobby-Wurstmacherei nicht den gesetzlichen Vorschriften der gewerblichen Betriebe unterliegt, ist es doch sinnvoll, sich gewisse Regeln bei den Profis abzuschauen. Vor allem bei der Hygiene lohnt sich professionelles Vorgehen. Ein Blick in die Hackfleischverordnung zeigt, worauf es ankommt. So darf Hackfleisch nicht wärmer als 4 °C gelagert werden – die normale Kühlschranktemperatur reicht also nicht! Zudem muss der Fleischwolf mindestens zweimal täglich gereinigt werden. Verwenden Sie dazu heißes Wasser. Verkauft werden darf nur Hackfleisch, das auch am selben Tag hergestellt wurde; nicht verkauftes Hackfleisch muss spätestens am Abend erhitzt oder gepökelt werden. Für zu Hause gelten 12 Stunden als die Obergrenze der Aufbewahrung, und auch nur, wenn die Lagertemperatur 4 °C nicht überschreitet.

Diese strengen Vorschriften haben ihren Sinn. Gerade Hackfleisch mit seinen vielen kleinen einzelnen Teilchen bietet Bakterien ideale Angriffsflächen. Vor allem Salmonellen sind ob ihrer Gefährlichkeit berüchtigt und schaffen es mit ihrer schädlichen Wirkung immer wieder in die Schlagzeilen. Lassen Sie es nicht so weit kommen!

Fachbegriffe einfach erklärt

Aspik: geleeartige Masse, die durch Auskochen von Kopf und Knochen und/oder mit Gelatine entsteht

Ausbeinmesser: spitzes Spezialmesser der Fleischer

Brühwurst: Wurst, die aus fein gemahlener roher Fleischmasse gebrüht wird

Bug: andere Bezeichnung für Schulter bei Schlachttieren

Durchbrennen: das Eindringen des Nitritpökelsalzes ins Fleisch

Emulsion: Verbindung, zweier Flüssigkeiten o.ä., die sich nicht mehr entmischt. Bei der Wurst Fett-Wasser-Verbindungen. Den Zusammenhalt bewirken Emulgatoren, zum Beispiel bei Leberwurst das Eiweiß der Leber

Iomen: die Fettablagerungen an der Innenseite der Schweinehälfte

Grieben: Bezeichnung für die gebräunten und ausgelassenen Speckwürfel bei der Schmalzherstellung

Kochwurst: Wurst aus teilweise vorgekochtem Material, unterteilt in Leberwürste, Blutwürste und Sülzen

Lake: Mischung aus Wasser und Nitritpökelsalz zum Einlegen von Fleisch. Lake kann auch gespritzt werden

Nitritpökelsalz: Mischung aus 95 bis 96 Prozent Kochsalz und 4 bis 5 Prozent Nitrit, die der Haltbarmachung und Rotfärbung der Wurst dient. Achtung: Bei sehr starker Erhitzung, besonders beim Braten und Grillen, entstehen krebserregende Nitrosamine

Pökeln: das Einwirken von →Nitritpökelsalz zur Haltbarmachung von Fleisch- und Wurstwaren. Auch die so genannte Umrötung entsteht durch das Pökeln (Beispiel: die Bratwurst). Das Nitrit bewirkt, dass der rote Farbstoff in den Muskeln auch beim Erhitzen erhalten bleibt

Pökelsalz: →Nitritpökelsalz

Salmonellen: eiweißspaltende Mikroben, die hauptsächlich Fleisch (vor allem Hackfleisch), Wurst, Fisch, Geflügel und Eier befallen. Sie sind geruch- und geschmacklos. Salmonellen werden bei ca. 80 °C zerstört

Salpeter: Kaliumnitrat, wurde früher zur Haltbarmachung verwendet

Wamme: hinter dem Bauch gelegenes Fleischstück beim Schwein

Bezugsquellen

Auch hier zeigt sich, wie unkompliziert das Wurstmachen ist, denn Sie bekommen fast alles Nötige, ohne Geschäfte für Fachbedarf aufsuchen zu müssen:

Fleisch	beim Metzger und in den Fleischereiabteilungen der Supermärkte, wo heute zum Teil auch halbe Schweine angeboten werden (Anzeigen beachten!)
Gewürze	in jedem Supermarkt; Sie können freilich auch Fachgeschäfte für Gewürze oder für Fleischereibedarf aufsuchen oder auf Wochenmärkten einkaufen. Fachgeschäfte finden Sie in den Gelben Seiten;
Pökelsalz, Wurstband	beim Fleischereibedarf;
Küchengeräte, Messer etc.	in jedem Kaufhaus; für Fleischbeil, Hackbrett und spezielle Messer können Sie sich an den Fleischereifachbedarf wenden, wo Sie allerdings manchmal tief in die Tasche greifen müssen;
größere Kochtöpfe	in Haushaltswarengeschäften und -abteilungen;
glasierte Steinguttöpfe	in guten Haushaltswarengeschäften.

Literatur

Dißmann,
Ratgeber für Herd und Haus,
3. Auflage 1912,
A. Huhle Verlagsbuchhandlung
m.b.H. Dresden

Drummer, Muskewitz,
**Von Apfelkartoffeln
bis Zwiebelkuchen,**
3. Auflage 1984,
VEB Fachbuchverlag Leipzig

Klever,
**Alles hausgemacht in der Stadt
und auf dem Lande,**
1. Auflage 1990,
Gräfe und Unzer

Kux,
**Kochbuch für die bürgerliche
und feine Küche,**
7. Auflage 1909,
Druck und Verlag J. Bagel
Mülheim a. d. Ruhr

Linde,
**Von Anis bis Zimt –
Kleine Gewürzfibel,**
8. Auflage 1982,
Verlag für die Frau, Leipzig

Schiffner, Oppel, Lörtzing,
**Fleisch- und Wurstwaren
hausgemacht,**
2. Auflage 1989,
VEB Fachbuchverlag Leipzig

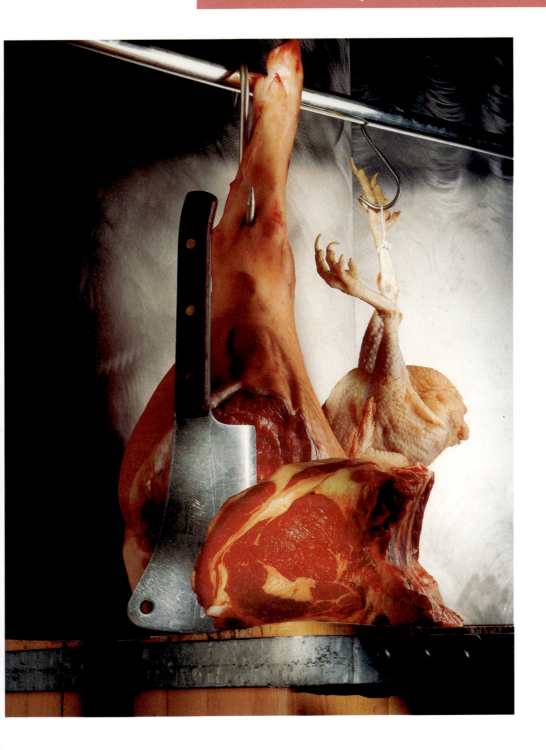

Register

„Hausgemachte Köstlichkeiten", die neue Ratgeberreihe im Weltbild Buchverlag, richtet sich an alle, die Spaß am Selbermachen haben und Wert auf die natürliche, gesunde Verarbeitung und Haltbarmachung von Nahrungsmitteln legen. „Hausgemachte Köstlichkeiten" greift altbewährte Techniken auf kombiniert mit pfiffigen, modernen Rezepturen sowie einfachen, praxisnahen Anleitungen.

Bereits erschienen:
Räuchern
Essig, Pickles und Chutneys
Alles mit Kräutern
Bier selbst gebraut
Die Reihe wird fortgesetzt.

Der Text des Buches folgt den neuen Regeln der deutschen Rechtschreibung.

Weltbild Buchverlag
© 1998 Weltbild Verlag GmbH, Augsburg
Alle Rechte vorbehalten.

Titelbild: P+R Studio, Helmut Peters, München
Umschlaggestaltung: Nina Engel, Augsburg
Graphische Gestaltung, Satz und Herstellung: Peter Beckhaus, Grafik-Designer, Mainz
Producing, Bild- und Textredaktion: BOOKS & MORE, Monika Zilliken, Wiesbaden
Lithoarbeiten: Kaltner Media GmbH, Bobingen
Druck: Offizin Andersen Nexö – ein Betrieb der INTERDRUCK Graphischer Großbetrieb GmbH
Bildnachweis:
AKG-photo, Berlin: S. 6
Hans Döring, München: S. 69, 72, 75, 77, 105
FOOD Archiv, München: S. 18, 19, 21, 29, 33, 38, 44, 49, 50, 64, 66, 81, 83, 91, 97, 103
StockFood, München: S. 11 (9 Abb.), 22, 24, 63, 65; /Michael Brauner: S. 55, 71; /Walter Cimbal: S. 45 / Eising: S. 5, 9, 14, 17, 26, 29, 30, 42, 51, 52, 54, 59, 60, 61, 63, 67, 73, 79, 84, 85, 92, 93, 94, 99, 100, 101; / Luzia Ellert: S. 16; /Ulrike Köb: S. 25; /Kompatscher-Hoppe: S. 57; /Zoltan v. Okolicsanyi: S. 104; / W. Pfister: S. 11 u. li. /Prop-Light Service: S. 89,109; /Rosenfeld Ltd.: S. 41, 98; /Bodo A. Schieren: S. 36, 47, 56, 62, 82; /Maximilian Stock Ltd.: S. 87; /Visual Sheffer: S. 15; /Friedhelm Volk: S.13.
Zeichnungen: Studio für Fotografie und Illustration Sascha Wuillemet, München: S. 10.

Gedruckt auf chlorfrei gebleichtem Papier

Printed in Germany

ISBN 3-89604-258-0